敗戦、されど生きよ

石原莞爾最後のメッセージ

早瀬利之 著

芙蓉書房出版

プロローグ

宮様内閣をつくり日中和睦交渉を切望した石原莞爾は、敗戦直後四度目にしてようやく東久邇宮組閣を実現させた。組閣行動の第一回目は二・二六事件が起きた昭和十一年二月二十六日の夜であった。参謀本部内で、次の組閣は宮様内閣で「十年不戦」を提案していた。その次はサイパン陥落直後に東久邇宮内閣を仕掛け、蒋介石との和平工作を急いだ。三回目は二十年四月、小磯に代わって宮様内閣で日中和平、日米和平を働きかけた。いずれも宮様本人がその気になれず、また参議官たちの同意を得られず流産し、好機を失った。

しかし敗戦直前には四度目の正直とばかりに、東久邇宮内閣を仕掛け、皇族の間からの働きもあって、東久邇宮は朝日の記者太田照彦を秘書官にすると、緒方竹虎を参謀にして組閣の人事に当たった。石原は緒方のブレーンである太田照彦、田村真作の両氏からの連絡を受け、電話で閣僚候補を挙げている。また参与格の人事にも触れ、鶴岡の自宅から緒方や太田らに提案している。驚いたことに、石原は児玉誉士夫を木戸幸一に代わって内府に、三上卓を参与に、元同盟通信上海支局長の松本重治、クリスチャンの加賀豊彦、作家の大仏次郎らを参与に推薦している。進駐するGHQ対策である。

八月二十二日に上京した石原は東久邇宮と首相官邸で会った。そのあと、読売新聞と毎日新聞のインタビューを受けた。石原の第一声は「敗戦は神意なり」だった。また「戦争の責任は国民にもある。一億総懺悔せよ」と言って、特に新聞社の姿勢を正した。次に「言論の自由、官憲の廃止、都市を解体し、皇居も東京から移すこと、食料確保のため農工一体、そして今後の日本人は簡素な生活に耐えて、生きる力をつけることだ」と語っている。

マッカーサー憲法については大歓迎し、「戦争の放棄で日本は経済的に立ち直れる」とも語る。

石原は東久邇宮組閣では、宮様から陸軍大臣を頼まれた。しかし膀胱ガンという持病があり辞退した。二十三日には、かわりに顧問を引き受けろ、と言われるが、これも断った。そのため陸軍大臣は東久邇宮が兼務し、海外にいる日本人の復員に努める。

しかし歴史上初めての敗北で、国民は連合軍の進駐にどうすればいいか不安だった。石原は東北一帯での講演で「アメリカ人はバカじゃない。私はアメリカから賠償金をとってやる」とまで言って、民衆を勇気づけ、原爆被災地の広島、長崎へも出かけた。そして「今に見てろ。後のカラスが先になるときがくる」と励して歩く。

極東軍事裁判では、入院先の逓信病院（飯田橋）にGHQの法務官や検事らが十二回も尋問にくるが、そのたびに「原爆を落としたトルーマンこそ世界最大の戦犯だ。裁判になったら大口で喋ってやる」と反撃した。

石原は二十九名の第一次A級戦犯リストに上がっていたが、さすがの米英の法務官たちは石原が戦犯として法廷で「トルーマンこそ世界最大の戦犯」と発言されるのを恐れ、彼には㊍の印がつき、法廷で全世界の記者や検事たちに聞かせまいとして、外している。

それでも裁判官は、満州事変での行動を明らかにするため、山形県酒田市で二日間に亘って裁判を行っている。

石原は、戦後、酒田市の北、吹浦近くの西山農場で百姓将軍となり、自給自足の生活に入っていたが、膀胱ガンという病いには勝てず、昭和二十四年八月十五日の朝、六十歳の生涯を閉じた。彼は死ぬ前に、「新日本の進路」を書き、これからの日本の進む道、国づくりを書き残した。

また死のひと月前には「日蓮教入門」書を弟子たちとまとめた。ある日は、土井晩翠が朽ち果てた古城会津城の姿を詩にした「荒城の月」を病いの床でうたい、潮が引くように、静かに逝った。

本書は、戦後の石原の行動と遺言に触れ、敗戦国日本人を励まし続ける姿を、資料と日記をもとにまとめたものである。

石原は行く先々で、「敗戦……されど生きよ」と言って励まし続けた。敗れた日本の再建策として、マッカーサーから金を引き出させる手紙も書いている。敗戦後、歯に衣着せず、堂々と日本の立場を発言したのは、石原莞爾ただ一人だった。

敗戦、されど生きよ
石原莞爾最後のメッセージ

目次

第３章　再生日本の道

第４章　新日本の建設

第1章

終戦と石原莞爾

東久邇宮内閣を仕掛ける

終戦日の八月十五日の朝、石原莞爾は東亜連盟の会員が曳く自転車牽引式のリヤカーの荷台に座り、山形県鶴岡市西郷村の曹洞宗忠圓寺へ、稲田の道を急いでいた。

この日は、朝から日本海に近い袖浦での講話が会員たちによって予定されていた。朝の講話のときから特高二人に尾行されていたが、何喰わぬ顔で「この戦争は負ける。特高のお二人さんも、これからの生き方を考えなさい」と話した。石原は忠圓寺の広間で終戦の玉音を聞くため、ラジオの前に全員で正座した。日記には、「正午、聖旨、涙ヲ以テ拝聴」とある。

このあとリヤカーで八キロ先の黒森部落に行き、農業会で「敗戦の日に東亜連盟会員に訴う」を講演した。要旨は、

一、敗戦の最大の原因は国民道徳の驚くべき低下にある。敗戦は国民をして反省、懺悔して国体に対する信仰に徹し、全力を以て最終戦争を準備せしめんとすること、これは神意なり。

敵側が如何なる手段を用うるも、間もなく敵の圧迫は排除せられ、吾等の努力により十年を出でずして、内にあっては昭和維新の根本を確立するのみならず、外にあっては東亜連盟精神に基づく日鮮支の道議的協同は速やかに実現しなければならない。

右判断を速やかに会員に徹底せしめ、自信と感謝とを以て猛運動を展開し、敵進駐以前に基礎を築くを要する。

二、平和条約を有利にする為の方策

○敵進駐に先立ち、次の革新を断行し、敵をして驚嘆せしむ

1、国民公論による軍閥政治の打倒を実現す。身は進んで内面より之に策応し、直ちに果敢なる復員を行い、軍人勅諭に反し政治に干与するに至りし罪を天下に謝し、軍備を撤廃す。次代の軍備は今日の陸軍、空軍と全然異なれるものなること疑なく、一時の撤廃は却って再建設のため有利なり。

2、日本は世界第一の国なることを明かにする。国体（君主主義）は民主主義を超越せる存在なり。日本の民主主義は官憲主義に対するものにして、官僚専制の打倒は、刻下の急務なり。

3、言論、信仰の自由。

特高警察は国民間の取締によるべく、之を不可能とする民族は将来なきものというべし。

○敵進駐後に於ける方策。

先ず都市を解体し、農工一体を実現する。さらに簡素生活を徹底し、遺家族、戦災者の救済に全努力を傾注し、国民丸裸になる覚悟を要する。

○平和会議に於ける態度。

平和会議に於ては、毅然たる態度を以て臨む。近代日本の行為は悉く覇道的行為なりしことを天下に謝すとともに、米国の非人道的態度を徹底的に排除する。支那に対しては誠意を以て東亜の将来につき談義すべし。東亜新独立国に関してはあくまでもその独立を擁護主張する。八紘一宇の大精神に基き、ユダヤ民族をいたずらに排斥するの愚をやめ、至誠を披瀝して世界の公正なる公論に愬えしむ。(『人類後史への出発』)

すでに石原は三日前から、ポツダム宣言を日本が受諾することを知っていた。彼のところには陸軍省や参謀本部員から電話が入っていた。知りたくなくても、かつての部下たちは石原の意見を聞きたくて、指導者会議でのやりとりや、閣議で阿南大臣が四条件付でのポツダム宣言受諾を主張していることも伝えてきた。鈴木首相と迫水書記官長（官房長官）が陸・海軍を無視して、直接天皇に上奏している様子などを伝えてくる。

十三日には、同じ山形出身で東亜連盟会員でもある東部軍の千葉聯隊区司令部付の吉住菊治少佐が鶴岡の石原宅を訪ねてきて、戦後の時局をどう収束すればよいかを窺っている。そのとき石原は、「鈴木貫太郎内閣の辞職は最初から分っている。東久邇宮の御出馬を仰ぐように、大本営に伝令されよ」と指示して帰した。国体を守るためだった。

石原は吉住から大本営の内情と終戦が十五日頃になると聞くと、「阿南惟幾陸軍大臣は腹を切るつもりだな」と予感している。問題は、近衛師団の血気さかんな連中の反乱だった。

石原は涙声で吉住に、遺言をこう伝えている。

「いいか。この敗戦は、決して落胆するに及ばぬ。何となれば、数年後に、人類は世界の最終戦争によって、初めて戦争を脱皮し、永久平和が実現するからだ。敗戦により、軍備をすてた日本は、今こそ初めて世界に先んじて、人類次代の文化を創造し、全世界の模範となるべき大維新を断行する運命を与えられたのだ。しかし、この世界の大勢に対する見透しと、新日本の向うべき目標をハッキリつかみ得ない者、特に血気の連中は、終戦のお詔勅が降ると、どこまでも竹槍式の玉砕を叫んで反乱を起すだろうが、お前はその時、オレの世界最終戦の理論を説き、反乱軍の鎮撫に命をささげよ。それが軍人としての最後のお奉公だ」（吉住菊治『石原莞爾の遺言』）

しかし、敗戦と分っていながら、天皇陛下の聖旨をラジオで聴いているうちに、石原も涙を抑えることができなかった。

彼が敗戦のあとで危惧した最悪のことは、国民が国体に対する信仰を壊してしまうことだった。鈴木のあとには東久邇宮内閣をつくり、国体を護持することを思いついたのは、すでに鈴木内閣が誕生する以前のことである。

石原は「鈴木内閣は降参内閣」と受けとめていた。終戦と同時に鈴木は辞職する。それが半年後か一年後になるかは予想がつかなかったが、ポツダム宣言が耳に入る頃には、「間近い」と予感した。

はたして、吉住は田中静壹東部軍総司令官（終戦と共に自刃）に、東久邇宮の出馬要請を伝えたものかどうか、心配ではあった。しかしその心配は不要だった。間もなく、十六日昼、東久邇宮から石原に、「上京せよ」との連絡が入った。組閣の相談だった。

十六日午前十一時、石原は前泊した袖浦の佐藤宅から鶴岡への田んぼ道を戻った。むし暑い日で、石原は膀胱ガンに苦しみながら、時計が止ったような一日を過ごす。新聞を読むと、予測したとおり、

「鈴木内閣総辞職、後事を少壮有為に俟つ」

「全国民、真に一丸、大御心を奉戴、邁進」とある。

下の段には、顔写真入りで、「阿南陸相自刃」の記事も載っていた。石原は、「やっぱり」と、こちらも予想した事態になった。新聞はまた、「一死を以て大罪を謝し奉る」との世辞を報道していた。新聞によれば、阿南の自刃は十四日の夜とある。

石原には、盟友の阿南が陸軍大臣になった時から、「阿南さんは陸軍の若い将兵のため命を捨てる気だな」と予感した。石原は、その前に一度会いたいと思い、十三日に遣いを出している。無条件降伏に反対している阿南に、石原は何を伝えたかったのか。もしかしたら「オレと会うまで死ぬな！」と伝言したかったのか。

阿南も自決する前に、綾子夫人に「もう一度石原に会いたいな」と呟いていた。

石原は陸士では阿南の二年後輩だが、陸大では樋口季一郎や阿南と同期である。石原と阿南、先輩の多田駿の三人は気が合い、陸軍の良識派軍人と言われた。昭和十二年九月、石原の反対を押しきって若手陸軍参謀たちが日中戦争に深入りし、上海戦で大被害を蒙った理由で参謀本部を追い出されたとき、当時陸軍省人事局長だった阿南は、石原の意向を汲み取り、関東軍参謀副長に出して満州再建を支援した。その阿南が、鈴木内閣で航空教育総督から陸軍大臣に就任した時、石原は、「陸軍を治めるため、命を捨てる覚悟だな」と予測していた。二人は互いに会いたがっていたが、連絡がとれなかった。辛じて救われたのは、皇居の反乱兵たちの騒動記事がどこにもなかったことである。東部軍総司令部の田中静壹司令官が反乱兵たちを鎮めたことが容易に想像できた。

もしも第一生命ビルに司令部を置く東部軍総司令部が、森近衛師団長を射殺した畑中健二少佐、井田正孝中佐らの反乱に呼応していたら、日本は内戦になり、石原が仕掛けた東久邇宮内閣は誕生していない。

使者として東京・鶴岡間を不眠不休で走った吉住菊治少佐の働きに、石原は「よくぞやってくれた」と感謝せずにはおられなかった。十六日、石原は日本の敗戦と阿南の死を弔い、それから三日間玄関に弔旗を立てた。

電話で新閣僚名を指示する

終戦詔勅の玉音放送を群馬県前橋の予備士官学校で聞いた久保友雄もまた、敗戦後、軍がとるべき態度に迷い、わざわざ鶴岡まで出かけて石原に教示を受けに出かけた一人である。

久保は東京生れで陸士五十一期生である。卒業後すぐに京都の部隊に配属され、第十六師団長の石原の部下として勤務した。彼もまた東亜連盟運動に共鳴し、東条英機によって軍を追われた石原を、京都の等持院にある立命館大学教官宅に訪ね、高説を拝聴に出かけた一人である。

二十年二月、久保は石原とは陸士同期の南部襄吉中将が校長をしている前橋予備士官学校に教官として赴任した。ここで特別甲種幹部候補生を教育していたが、玉音放送を聴いた午後、南部校長に「鶴岡の石原の意見を聞いてきてくれ」と頼まれ、十五日の夕方、前橋駅から信越線の列車に乗り込んでいる。

鶴岡に着いたのは十六日の午後二時である。彼は駅前で石原の家を聞き、高畑の借家を訪ねた。予告もなく訪ねた久保が部屋に通されて待っていると、石原が夏の白い和服姿で現われた。京都時代からの御無沙汰を謝し、そのあと南部校長の指示、伝言を伝えた。すると石原は挨拶抜きでいきなり、

「久保君。今度の敗戦は我が国にとってはまさに天祐と言うべきものだよ。戦に負けたからと言って、決して悲観などする必要はない。我が国はなるべく早く日清戦争前の、朝鮮や台湾のない状態に戻って、新しい気持ちでこれからの国造りに励むことだ。そうすれば日本は間もなくきっと立派な国として立ち直ることができる」と熱く語った（久保友雄「敗戦時の思い出、石原莞爾」『永久平和』三四号）。

「もし――」と石原は続けている。

「今までの日本のような考えでこの戦争に勝ったとしたら、それこそとんでもないことになる。戦争の犠牲は大きかったが、私は負けて本当に良かったと思っている。軍隊は天皇の仰せのとおり潔く降伏して、君らのような若い人は農村に入って百姓をやりなさい。それがこれからのみ国にとって大事なことだ。南部君にはそう伝えてくれたまえ」

久保によると、この日は「二時間近く話した」とある。彼の親友で、東条暗殺未遂事件に関係した津野田知重陸軍大尉の話をしていると、錸子夫人が現われて、「東京からお電話です」と伝えた。石原は立ち上がると奥の廊下に消えた。石原家にはまだ電話がなく、隣の家主の電話を借りていた。

電話は東久邇宮の秘書官で、朝日新聞の太田照彦からだった。宮の側近には大本営の参謀クラスや元朝日の政治記者、田村真作もいる。

これまで、石原には内閣顧問を要請されたと言われてきたが、十六日の時点では陸軍大臣就任の要請だった。この時、石原は電話で外相には吉田茂、蔵相は津島留任、運輸は小日山直登、五・一五事件の首謀者三上卓を内務大臣に、朝日の鈴木文四郎、キリスト教徒の加賀豊彦、同盟の松本重治、作家の大仏次郎らを内閣顧問に推薦した。久保友雄は部屋に戻ってきた石原の

様子を、

「東久邇宮内閣に入閣の話だったが、お断わりしてきた、と例によって淡々とした口ぶりだった。側近の話では、明日鶴岡で地元の要請で石原さんの講演が開催され、何本かの臨時列車まで用意されているとのことであった」と記している。

病いの身で上京、組閣に走る

十七日になると、朝五時から夜九時まで来客が絶えなかった。石原夫妻は、余りの来客に閉口した。さすがの石原も、この日の来客者名を覚えていなく、日記には珍しく人名がない。ただ、「五時カラ九マデ集中」とだけある。電話もかかっただろうが、日記に用件、人名なしとは、珍しいことである。来客のほとんどが東亜連盟会員で、皆んな、「この先日本はどうなるのか、外国兵が鶴岡にきたときどう対応すればよいか、これからの生活はどうなるのか」など、不安を抱えていた。

十八日は土曜日である。この夜、近くの龍覚寺で、町内会のため講演し、「心配ない。あとのカラスが先になる」と言って励ました。二十日には、同志の木村武雄、元朝日新聞記者田村真作、韓国人で東亜連盟東京本社の曺寧柱が石原を訪ねてくる。

石原は鈴木内閣が成立したときから、「これは降参内閣、幕引き内閣」と予測して、男子の会員たちには「ゲリラ戦の用意を、女性会員には山林に隠れ住みつつ、全国的な同志活動を進行する拠点を造るよう」に指示した。地図を広げた石原は女子会員たちに、東北・関西・中央線・関東を結ぶ交通と通信の要路を高崎付近の群馬八幡とし、白土菊枝には房州天津から引越しさせている。

石原が東京へ出発するのは、二十年八月二十二日木曜日の午後三時の列車である。鶴岡から新庄に出た。そこから仙台に向かい、東北線の上野駅行きに乗り継いだ。その夜は、渋谷松寿町に住む同志の山内芳太郎宅に泊った。

山内には、東久邇宮に呼び出されたいきさつや、国体維持のため「鈴木のおじさんに代わって宮家の内閣をつくる必要があり、吉住少佐を通じて働きかけた」旨を打ち明けている。

東久邇宮内閣誕生工作では、思い出したくない程の無念な日があった。最初は二・二六事件直後の東久邇宮に組閣の進言である。しかし陸・海軍大臣も参議官たちも新任のいち作戦課長石原の進言には取り合わなかった。次は十九年九月である。

その八十日前の十九年七月六日、サイパン島の日本軍守備隊が全滅したあとは、東条が首相退任したのを機に、石原は蒋介石との和睦交渉を小磯国昭首相に進言した。しかし小磯は一向に動かない。業を煮やした石原は十九年九月二十六日、今度はかつて第二師団長と歩兵四連隊長の関係であった東久邇宮を自宅に訪れ、組閣を頼んだ。

この日は朝から雨だった。午前九時。麻布の宮家を訪れた石原は、「サイパン玉砕後も何ら変わらぬ軍と政府を変えねばなりません。それには東久邇宮が内閣を組織し、小磯を副首相にして、三笠宮を支那派遣総司令官に任命して、蒋介石の重慶政府と和平を結ばねばなりません」と進言した。別れたのは午前十時である。

九月二十六日付「東久邇宮日記」には、当日のことを次のように記している。

「午前九時、石原莞爾来たる。石原の話、次の如し。現在の日本は軍人、官吏の横暴、腐敗その極に達し、中央は勿論、地元の末端に行く程はなはだしく、一般国民は軍人、官吏に愛想をつかし大東亜戦争にまったく無関心で戦争等はどうなってもかまわぬという感じである。……国民は日常食うことのみに追われ、戦争の事等考えず、サイパンの玉砕も国民には何らの刺戟もない。国民がかくの如くなったのは軍人官吏の腐敗が原因で、特に陸軍軍人が政治に興味を持ち、政治に深入りして権力を振うに至ったからである。国内の革新は陸軍自体の粛正、次いで官吏に及ぼさなくてはならぬ。

大東亜戦争解決の第一歩は、重慶との和平にある。これがためには、小磯内閣ではダメである。故に小磯内閣を倒し、東久邇内閣を組織し、三笠宮を支那派遣軍総司令官として重慶と和平しなければならない。そうしなければ日本は滅亡するだろう」

東久邇宮日記によると、その時の二人のやりとりを、次のように記載している。この時の、石原の必死な進言のひとつ「あなたは不忠の臣だ！」と上司に怒鳴って帰ったというエピソードは、この時のことである。日記を引用する。

石原「あなたは陛下に、小磯をやめさせて、あなたが内閣を組織するように申し上げなさい」

私「私はそんなヒットラーやムッソリーニみたいなことはできない」

石原「今国家が滅亡するかどうかという時に、皇族は重大責任がある。もしあなたが、いやというなら、あなたは日本始まって以来の大不忠の臣である」

私「たとえ不忠の臣となっても、私はヒットラーのようなことはできない」

石原「それでは、私はもう一生あなたのような人にはお目にかからない」

のちに東久邇宮は、「私に向って不忠の臣などといったのは石原ぐらいのものである」とその日のことを書き留めている。

「わしも敗戦国民の一人だ」

木村、田村、曺の三人は十九日の夜上野をたつと、翌朝二十日、鶴岡入りした。三人は足早に歩くと石原の家に走り込んだ。田村は東久邇内閣の参与で、十七日の東久邇宮内閣が成立するさい、側近として活躍する。

東久邇宮と田村との関係は、東条のあとの小磯内閣のときの昭和十九年三月十八日、東亜連盟運動を南京で広めていた南京政府考試院副院長の繆斌《ミョウヒン》と、昭和天皇の信頼の厚い東久邇宮との会談を実現したことに始まる。

上海特派員だった田村は、朝日新聞の先輩で小磯内閣の情報局総裁・国務大臣の緒方竹虎と連絡をとり、日中和平の糸口となる東久邇宮・繆斌会談を図った。和平の糸口を求めていた小磯国昭首相は、田村案を受けて三月十六日繆斌を日本に呼び、緒方の立ち合いのもとに東久邇宮家の防空壕の前で会談が実現する。

重慶政府（蒋介石主席）の使者は「満州問題は別個にする。日本は完全に支那から撤兵する、南京政府を解消し、留守政府を設置して重慶政府は三ヵ月以内に南京に遷都する。留守政府は重慶の重要人物で組織する。南京政府の要人は東京で日本政府が収容する。日本は米英と講和する」など六項目の和平案を提出した。

小磯首相は三月二十一日午前十一時、この和平案を首相官邸での最高指導会議にかけて和平交渉を決定しようとした。ところが「繆斌は重慶政府の回し者」（杉山陸相）、「繆斌は和平を喰いものにするブローカー」（重光外相）だと反対された。米内光政海相も反対した。緒方は頼み

の網の米内海相に、

「今や戦争のみをもってしては局面の打開は殆ど不可能である。万一敗戦の場合、かえりみて打つべき手が残されていないのでは、お上に対し申し訳ない次第ではないか」と口説いた。しかし「君の誠意は認められるが、事ここに至っては内閣は最悪の場合に陥るほかなかろう」と言って反対した。

米内は昭和十三年、参謀本部次長多田駿が中心となって蒋介石との和平交渉案を提案したときも、外務省案の「国民政府を相手としない」案を支持したため、和平交渉は流産となった。それればかりか三月十六日、近衛首相は全世界を驚かせた「国民政府を相手とせず」の声明を新聞発表した。蒋介石政府との決裂である。

米内海相は二度の和平機会を外務省の尻馬に乗って反対した一人である。このため日本は敗戦で全てを失う結果となる。和平交渉に反対した重光と米内は、責任をとらずのほほんと戦後も生き残り、海軍出の鈴木貫太郎内閣で陸相を務めた阿南惟幾は「一死大罪をもって」自刃した。終戦の聖断が下された時、阿南は義弟の竹下に「米内を斬れ！」と命じている。

田村・緒方ルートでのポツダム会談前の和平工作はこうして流産し、また小磯内閣も瓦解した。

石原は昭和二十年八月十二日夜、山形新聞の小森正人記者に「あれが、最後の機会だったが…」と憮然として言っている。しかし、終戦前に石原莞爾が「国体の護持」のため仕掛けた東久邇宮内閣では、田村真作と木村武雄は内閣参与に起用された。また内閣顧問に小泉信三と石原莞爾が起用され、木村と田村、それに東亜連盟東京本部の曺寧柱（戦後、初代在日韓国居留民団団長）は東久邇宮の意向を伝えるため三人で鶴岡の石原の所に駆け込んでいる。

東久邇宮が石原を内閣顧問に決めたきっかけは、八月十九日、昭和天皇が「小畑敏四郎を国務相に、石原を内閣顧問にと話された」（木戸日記）ことによるとあるが、それ以前の決定事項だった。田村と木村はこの日、石原に会うと、

「東久邇宮さまがお召しです。近衛さんも会いたがっているということです」

と一緒に上京することを懇願した。すると石原は痔病の近衛には二度も裏切られてきたこともあり、おもしろくなかった。三人に、珍しく毒気のある口調で、

「人にものを聞きたいというのであれば、聞きたい方が来るのが道というものだ。近衛は家柄かも知れないが、国事の相談には階級はない。その上こちらは病いでもあり、年齢から言えば私が先輩である」と言って眼を閉じた。

そのあと思い直して、襟を正した。

「しかし殿下（東久邇宮）に対しては自ら臣子の道があり、参らねばならぬと思っている。何分にもこの状態なので御無礼をしている」と、力強く言った。

北一輝と対立した大物右翼の片岡駿が鶴岡に出かけて石原に会うのは東久邇宮内閣が成立した後で、二人は二年ぶりの対面だった。片岡が戦前に会ったのは十八年九月十四日で、片岡は関東軍の満軍顧問だった。十三年に東条英機参謀長と大ゲンカして軍人をやめ、郷里高松に戻って東亜連盟運動に従事した田中久大佐らと一緒だった。片岡は児玉誉士夫とは友人関係で、終戦当時は茨城県民自治会を結成して県知事になることを狙った。

この大物右翼の片岡は、「石原さんは口が悪く、しかも身を持することに厳に過ぎて、親しみ難い人間であると云われたが、実際は口と反対に細かい思い遣りのある人間だ。しかも人を責めることは非常に寛であった」と語っている。彼もまた石原信者の一人となるが、終戦後石

原と二人になった時、石原から東久邇内閣の顔ぶれについて意見を聞かれた。その時のやりとりを、昭和二十八年に発行された『共通の広場』誌にこう書いている。

「先ず閣僚の年代を三十代に切り下げることだと思う。この原則さえ定まれば、顔ぶれなどはすぐに出来る。明治の新政府をつくった三条さんに学んでいただければよろしい」

黙って聞いていた石原は、「三十代を揃えるのはむずかしかろう。感覚が二十代なら、僻《たと》え四十代でもよいわけだ。さて三十代の青年にこれを求めようとすると、自分達の知る範囲では二、三名しかおらんな。それに革新の癌は宮中にある。内大臣は三上卓などがよいと思う。あれは元軍人の癖に宮仕えをしてもいい位の品がある」と勧めた。

五・一五事件の主謀者の一人三上卓は、昭和十三年七月、古賀清志と共に出所するが、のちに東亜連盟東京本部に入会し、石原や木村武雄、田村真作らと親しくなる。

その木村と田村の両名は、石原を東久邇宮の所に連れて行くため、切符や宿の手配に入った。戦時中の石原の交通手段は自転車に取り付けたリヤカーだった。しかし膀胱ガン（肉腫）のため震動すると痛みに襲われる。そのためリヤカーの上にはクッション用に布団を一枚折り畳んで敷き、その上に鎮座した。同志がリヤカーを曳き、庄内平野の畦道を走り回った。

だが東京に出かける手段は列車しかない。しかし当時はどの列車も切符が買えない。買えても満席で、立つことさえできなかった。それに列車の本数も少ない。石原は迎えにきた田村真作に、「郵便車に藁《わら》を敷いてもらい、そこに座って行こう。君から駅長に相談してくれないか」と頼んだ。

田村は「二等車なら座って行けますよ」と二等車を手配しようとした。すると石原は、

「この際、わしの為に、そんな贅沢をするのはいかん。わしも敗戦日本の一国民だ。藁布団で

も何でも、貨車にしてくれたら寝て行ける。わしは起きて行くのは大儀だから、寝てさえすれば楽。そうしてくれ」と頼んだ。

ところが石原が推薦した小日山直登運輸大臣が、田村からの電話連絡を受けて、二等車を手配してしまった。石原は田村や木村、鶴岡駅長の働きで、二等列車で上野に出ることになる。そのかわり、貸し切りでなく、他の客にも開放した。

出発は八月二十二日午後三時、新庄駅経由と決まった。二十二日の朝は、湯野浜での東亜連盟東北大会が予定され、石原は講演を頼まれていた。木村武雄、曺寧柱、岩沼の鈴木文平らが中心となって、中国、満州との同盟成立に向けての戦後の東亜運動の展開方針を決める。

石原は、GHQは東亜連盟を潰しにかかってくると予見していて、潰される前に、全国の同志、各支部と連絡をとり、今後の運動方針を決めた。そのひとつが、石原が語ったことを表裏の紙一枚に書き、ビラを全国支部に配布することである。

「次代の軍備は今日の陸海空軍と全然異なれるものになること疑いなく、一時の撤廃は却って再建のために有利なり」と述べ、片面に「学徒青年に愬《うった》ふ」、もう片面には「国民総懺悔・昭和二十年八月十五日ポツダム宣言受諾の大詔を拝せる覚書」との題名で書いた。

これを表と裏二面のビラにして、全国の支部に配布することにした。

主催者の木村武雄によると、東亜連盟の主張は四個条で、中国と妥協することにある。

一、中国政治の独立。

二、アジアの国防を中国と日本が共同で責任を持つこと。

三、経済は一体化の方向に導く。

四、文化の交流。

病魔と闘う石原は、この主張をＧＨＱが来る前に全国に広めるため、体力が続く限り日本中を講演して歩く決意を固める。

アメリカの占領後について語る

庄内地方に限らず、敗戦直後の日本人は動揺した。なかには悲憾のすえに自殺する者も多かった。石原はそうした人たちを救いたく、問い合わせてくる者を拒まず、鶴岡の高畑にある高山樗牛生誕の借家で応じている。

八月十日は二個めの原爆が長崎に落とされた翌日だが、山形新聞社には「満州には、ソ連軍が侵攻し、日本はポツダム宣言を呑んで無条件降伏する」との情報が入り、動揺した。

何度か取材に来ては石原から話を聞いていた小森正人記者は、特高の眼を盗んで十二日の夕方、ひょっこりと石原家を訪ねてきた。それまで、石原は「日本は負ける。負けたあとの用意をしろ」と講演会で述べてきたが、小森は信じがたく、「まさか」と否定してきた。しかし今度ばかりは無条件降伏の情報が入ると、「やはり」という気持ちになり、石原に直接会って今後の日本について話を聞きたくなり、出かけている。それは今後の彼自身の生きかたのためでもあった。

すると石原は、「とうとうだめだったね」と言って農作業の手を休め、小森を部屋に案内してこう語った。

「日本は二十年間は地獄だよ。具体的に言うと、民族精神といったようなものが骨抜きになる。最も悲惨なのは、左右思想の対立が激しくなって血を流すことになろうが、これはどうも避けられない。二十年ぐらい経つと、日本民族がぼつぼつ目ざめてきて、喪失した民族精神を取りかえす時期もやってくるだろうが、その時は、どんな形になるか予想は出来ない。ともかくアジア民族は平等の立場で、手を握って立ち上がらなくちゃならん。そこまで行けば社会組織の在り方はどうでもいいじゃないか」

アメリカの日本占領後については、

「それはだ、先に東条暗殺事件で軍法会議法廷へ呼び出された時にも、わしは言ったことだが、アメリカは決して無茶なことはしないだろう。第一次大戦の時、ドイツでは四十万の混血児が生まれた。日本にだって毛色のかわったのが生れるかも知れないが、そういうことは小児病的にワイワイ騒ぎ立てることではない。避けられぬ災難と思えば仕方がない。抵抗も何もしない者を、まさか殺しはしまいから」

石原は今後の日本の立直しにもすでに見通しを立てていて、こう語っている。

「最大の急務は、国民皆農になることだ。取りあえず八千万の同胞を養うには、それが実行されなければならない。仮にだね、一戸五人の生活として、関東以西ならば平均二段（反）、東北地方では三段あれば食糧を自給することができる。現在の既耕地面積は約六百万町歩ある。それに可耕未墾地が大体三百万町歩。農法を改良すれば一億五千万、二億の人口を養えるかも知れない」

「国民皆農のためには、都市は解体しなければならん。都市の膨脹を押さえなくては、民族は衰亡する。今日の文明は主として都市の所産であり、殊に発達した工業は、都市に依存してきた。従って文化人の部分に対する愛着は深刻なので、これを解体するといっても、到底人力をもって解体することは不可能だ。勢い戦争でも起った場合だけだ。

今度の広島、長崎をはじめ、爆撃された各都市などはその例で、次の時代の文化を建設する示唆となるだろう。また将来、最終戦争のことを考えても、都市集中の国家と、工業の分散した形体の国家とは、同じ原子戦にしても被害の度がちがってくる。米ソ両国家の原子兵器が五分五分になるのは、わしは五年過ぎと見ている。その時どういう被害を受けるか、今から考慮しておかねばならない」

石原は、長崎に新型爆弾（原爆）が落ちてから三日後に、「原子兵器」と表現している。そし原子兵器の時代に入ると「この次の戦争は国民の与（世）論によって宣戦を布告する暇などはない。文字通りダマシ討ちで本当に寝耳に水である。原子爆弾が全く突然に雨あられと降って来て、戦争が始った時に、生き残っているものはいくらもない、という具合に行われるであろう」（「新日本の進む道」）と予言している。

小森記者は「この次に米ソ戦は起りますか？」と質した。すると石原は即座に、

「極めて常識的な見方だが、こりゃ避けることが出来ぬ宿命じゃないのか」

「朝鮮の運命は、よくゆけばソ連と日本との緩衝地帯となるが、ヘタをすると、アジアのバチカンになる。わしはそれを一番心配している」

しかし朝鮮半島は、米ソが三十八度線で分割し、昭和二十五年にはついに中国共産党も加わり、朝鮮戦争となった。それ以後は、石原の予言どおり、朝鮮半島は「アジアのバチカン」となり、米軍は引き揚げができないでいる。

石原に張り付く特高課長に「今後は百姓をやりなさい」と諭す

山形県警は特高を使って石原の言動を監視続け、毎月一回、東京の内務省に報告書を出してきた。

内務省の役人がいかに愚か者揃いで「国民のガン」であったか、終戦前後の山形県特高課長の堀田政孝が書き残した「木乃伊《みいら》取りが木乃伊に」の寄稿文で知ることができる。

堀田は軍隊から帰ったばかりだったが、山形県特高課長に赴任した昭和二十年春、上司から「石原莞爾の反政府的言葉をつかまえて逮捕すべし」の密命を受けて山形入りした。「石原何者ぞ！　捕えてやる！」と、意気込んで、石原の所に赴任挨拶に出かけた。

彼は軍隊時代から「石原は右翼の巨頭」と認識していたが、初体面で、全く違うことを知る。週一回、石原のところに顔を出すうちに、すっかり石原信者になった。東京の本省へは報告書を月一回提出していたが、部下が書いて持ってくる書類に目を通しているうちに、石原莞爾に都合の悪い所は削って、内務省の斉藤事務官に送っている。斉藤は戦後静岡県知事になるが、堀田レポートに気付き、「君の報告はおかしい！　バレたら君はクビだぞ！」と脅かされた。それでも堀田は、部下からの報告書をチェックし、不都合部分を削った。

その堀田が、無条件降伏の電報に接したのは八月十一日である。山形県警察部長は「石原サンを取りまいて海軍特攻基地や陸軍部隊が蹶起し、それに右翼の抗戦派が合流でもしたら警察の力ではどうにもならん。君、石原を訪ねて真意を訊いてくれ」と堀田に命じた。

堀田は十三日夜山形市を車で発ち、十四日朝八時、鶴岡に着いて、石原を訪ねている。十四日の石原の日記には「特高課長、安藤」とある。堀田は安藤という部下と二人で石原を訪ねるが、その時の石原の様子を、堀田はこう記す。

「カスリの浴衣で玄関に現われた石原サンはニヤッと笑うと、いきなり、戦さに敗けたんだろう、と言われた」。

堀田は警察部長に渡された「今後執るべき処置」という十四項の質問状を読み質した。

堀田の次の文からは特高の焦りが読みとれる。

「処置と見通しについて教えていただきたいと申しましたら、国体護持の絶対肝要なこと、精神力で立ち上がるべきこと、パンパンや占領で一応事態は混乱するであろうこと、併し悲観するには及ばぬ、その敗戦のドン底から立ち上がることによって新日本が生れること、米ソは必ず衝突すること、など私の質問に些かの淀みもなく明快に答えて下さいました。私は全く、いま更ら乍らに石原サンの偉大なのに平伏してしまいました。そして石原サンは決して抗戦派でもなければ、況んや右翼に担がれるなどということは絶対にない、という確信を得ましたので、帰ると直ぐ談話の内容を詳細に筆記して本省に報告しましたところ、本省でも余りにも明快な今後の見透しに愕いたり感心したりの揚句、それをガリ版にして全国の特高に配布したのです。このガリ版刷りで、特高関係は勿論、全国府県当局が落着きを得た、といっても過言ではないでしょう」

内務省の特高関係者は、愚かにも戦前から石原が「躍起する」と頭から思い込んでいたことが、堀田の文章から窺える。

堀田は昭和二十年十月十四日付で特高を追放されるが、その直後、石原のところに挨拶に行く。すると石原は堀田に、身の振り方を、

「それはよかった。役人をやっていたのでは本当のことは判らない。これからは百姓をやりなさい。それが出来なかったら商売をはじめなさい」と諭した。

のちに堀田はそのまま山形市内に住み、昭和二十四年には山形県総務部長になる。

石原、内閣の顧問、参与人事に着手する

八月二十二日午後三時、石原は田村真作に付き添われて鶴岡駅を発った。列車は余目から最上川に沿って新庄に出た。そこから山形、米沢を抜けて福島に出、上野には夜中に着いた。そこから同志の大八車で渋谷へ行く。

政府は石原のため、新橋の第一ホテルを用意した。しかし石原はホテルは嫌だと言って、渋谷にある同志の山内芳太郎宅に泊った。

ここには、ボディガード役として空手の達人でもある曺寧柱が隣室に泊った。曺は秘書役を兼ねていたが、国士館出の一刀流の達人、照井欣平太と共に、石原を護衛した。

翌二十三日、石原は首相官邸に東久邇宮首相を訪ねた。すると東久邇首相は石原に内閣顧問就任を要請した。しかし石原は、持病があり、また民間人として東亜連盟運動を続けたい、との理由で辞退した。そのかわり彼は、キリスト教社会運動家の賀川豊彦と朝日新聞社の鈴木文四郎を推薦した。すると宮は「あなたは不忠の臣だ！」と、叱った。あの十九年九月二十六日の言葉を、石原に返している。

石原と賀川豊彦との出会いは、大正九年、中支那派遣隊司令部付として中国の漢口に赴任した頃から始まる。漢口の特務機関にいた石原は、賀川豊彦の講演を聞き、感銘を受けた。当時石原は新婚早々で、しかも日蓮の信仰者になって間もなく、宗教に興味を持っていた。

賀川は、神戸で生れ、大正三年にアメリカに留学し、プリンストン大学で学んだ。帰国後キリスト教社会運動家、関西労働同盟会を結成するなど労働争議を指導した。彼のキリスト教社

会運動に感銘した石原は、二度講演を聞いている。その後も文通を続けた。

石原が賀川を自分に代って内閣顧問に勧めたのは、彼がユダヤ人の救援運動家であったこと、日本の公正な世論をアメリカなどにアピールできる唯一の人物であることだった。

小柄で、いつもシワクチャの洋服を着、「富の統制、土地の再分配、封建制度の絶滅」を唱える一方で、天皇を中心とする国体論者であった賀川豊彦は、アメリカの記者マーク・ゲインのインタビューにこう語っている。

「われわれは天皇を必要とする。最近五人もの総理大臣が暗殺された。政党はお互い同士泥試合をやり続けている。われわれには裁決者が必要だ。今上天皇は悲劇の人だ。私は天皇に同情する。戦争の責任は国民と国会にある。天皇には責任はない」

またGHQの中には、賀川を次期総理大臣に押している者もいた。

鈴木文四郎は朝日の記者で、太田照彦や田村真作と親しい。何よりも石原が気に入ったのは石原が参謀本部第一部長のとき、直接、取材にきたことだった。その勇気を買っている。昭和十八年の暮、敗戦を見抜いた石原は話を聞きにきた所武雄という記者に、重役の鈴木文四郎を通じて上野社長に、

「この戦争はこのまま行ったら必ず負ける。止めるなら今のうちだよ。朝日新聞は全面を埋めて戦争反対をやらんかね。オレが言ったと伝えてくれ」と伝言を托した。

記者が「うちの会社は潰れますよ」と言うと石原は、

「潰されたっていいじゃないか。それが日本のためになるんだったら」と真剣な顔で睨んだ。

この話は所記者から鈴木文四郎に伝わったが、そこから上司の緒方竹虎や石井光次郎、上野社長にも伝わらなかった。これには、石原はひどく失望した。「もしもあの時に決断していた

ら」と石原は後悔している。それでも石原は軍人を排除し、外国記者に受けの良い鈴木を推している。その他武者小路実篤、鵜沢総明、大仏次郎（本名野尻清彦）の名も上げた。

石原莞爾が渋谷、松涛町の山内芳太郎の家に逗留するのは、総理の補佐官名と基本方針を、新閣僚や参与らと決めた六日間である。その間、候補者と連絡をとり続けるが、武者小路は年齢を理由に辞退し、かわりに大仏次郎を中国大使に推した。

大仏は華僑人に友人が多く、人格、見識などから、今後の日中関係を取り戻すため最適の人物だった。田村、太田、そして石原も推した。参与には田村、太田、児玉誉士夫を、木戸幸一に代わって内大臣に三上卓を推した。

また石原は、年少の皇太子には世界の事情に明るい人物を側近につけて教育すること。憲兵や特高警察を廃止し、言論の自由、集会、結社の自由を実現すること。経済を復興させるため、総合計画を樹立すること、などを進言し、調整に入った。

憲兵と特高廃止は十月に実施され、国民はようやく思想弾圧から解放される。しかし顧問と参与の件では、当人たちの意向から辞退する者が多く、難航した。

賀川も大仏も、顧問を辞退して参与になった。参与にはこの他、朝日新聞OBの田村真作と児玉誉士夫が就任する。児玉は石原が東久邇宮に紹介した関係で、中国から帰ると必ず東久邇宮を訪ね、情況を報告した。そのフットワークの良さに、石原も東久邇宮も児玉を買っている。

参与児玉の人事は意外だった。同じ右翼の片岡駿は、その頃、「つまらぬことを引受けたものだ」と心配になって児玉と会った。すると児玉は、

「内閣の寿命は見えておるのだから命惜みをすることはない。それだけに思い切った革新政治をやらかして、後々のために地ならしをするように推進したいのだ」とたしなめた。

三上卓は東亜連盟運動を続けていたが、石原は宮中を改新する大役に起用した。だが三上は石原、東久邇宮の要請を断ち、御里佐賀に帰った。井上日召らと護国団を結成したが、のちに退団している。

石原は二十六日に練馬区の早川左吉宅へ転居した。参与人事選考中は、山内家にいたが、ここには山口重次ら東亜連盟会員が食料を持ち込むので、色々な閣僚が朝から晩まで出入りして会議し、いつの間にか「裏の官邸」になった。石原は参与たちに向かって、

「軍閥も悪いが、一億国民すべてが総懺悔して改心しなければならない。身に寸鉄を帯びずに、真の平和国家を建設せよ」と声を荒げた。

八月二十八日、基本政策を終えた石原は、首相官邸に東久邇宮を訪ねて拝謁し、別れた。

この時、東久邇宮は内閣顧問を引き受けなかった石原に「あなたは大不忠の臣だ！」と怒った。石原は、心で泣き、官邸をあとにした。

昭和維新論を改訂すると、三十日午前中、有楽町の朝日新聞社を訪れ、鈴木文四郎を通じて朝日新聞社に印刷を依頼して東京を離れた。

「昭和維新論」は昭和十四年八月五日にガリ版印刷で発表されたが、さらに十九年四月改訂された。この時点で十回目の手直しである。

最後は政府の基本政策を終えた二十九日と三十日午前中に改訂した。十一回めの改訂である。どこが改訂されたかと言えば、まず前文である。「人類の前史終らんとす」の冒頭の書き出しから変わった。

それまでは「戦争はその時代に可能なあらゆる力を総合して行われるのであるから、戦争史を研究――」だったが、十九年の改訂では前文を「世界観」とし、「皇国日本の国体は世界

の霊妙不思議として悠久のたより――」となった。戦後は、前文をまたこの「人類の前史終らんとす」に戻し、書き出しも、「恒久平和は人類数千年のあこがれである。教祖や哲人はこれが実現のために道を説き――」で始まった。

憲法の「恒久平和」は、石原莞爾の、この前文から引用されたとも言われている。

これが、戦後最初に手がけた石原論文である。その間、二十七日には読売報知と毎日新聞記者のインタビューを受けた。毎日新聞は、石原の談話を全文そのまま、二十八日の一面トップ、顔写真入りで取り上げた（全文は本書の巻末「付録」参照）。

この日、昭和二十年八月二十八日、占領軍の第一陣が厚木飛行場に上陸した。三十日にはマッカーサー連合軍総司令官が厚木に到着し、横浜のホテルニューグランドに入った。時同じくして、石原は二十八日朝、同志が待つ講演会場先の宇都宮へ行くため、上野駅を発つ。

この日から、石原莞爾の戦後史が始まった。

第2章

戦後の第一声は「言論の自由」

読売との一問一答「一億総懺悔、簡素生活、都市解体」

石原莞爾の戦後の第一声は、東久邇宮内閣の施政方針案に取り組んでいた最中の八月二十七日である。

「読売報知新聞」は、先輩記者で、石原の秘書役をしている高木清寿を通じて申し込み、石原へのインタビューに成功した。そのあと東京の「毎日新聞」もインタビューにくる。記者たちは渋谷区松涛町の山内芳太郎の家に押しかけ、救いを求める思いで石原に質問した。「読売報知」は会見内容を一面の二分の一をさいて、十三段の大囲みで発表した。しかも石原の丸囲みの顔写真入りである。これは特別扱いを意味する。

見出しには、「全国民今こそ猛省一番」とある。サブタイトルに「世界一の民主」「進め真の天業恢弘へ」「敗戦日本の辿るべき道標」として、一問一答の形式で取り上げている。

敗戦で疲弊し、日本はこれからどう生きればよいか迷い、悩み、呆然自失のさなか、「一億同胞はいかなる決意をもって取り組むべきか」について答えている。質問は敗因から今後の対外政策にまで及ぶ。以下は八月二十八日（火曜日）付「読売報知」二版の掲載文で、戦後、メディを通じて全国民に呼びかけた石原の素直な決意である。

問「大東亜戦争敗戦の原因如何？」

答「大東亜戦争に敗けた最大の原因は、国民道徳の驚くべき低下にある。軍閥が悪いの、官僚がどうのと言っても、これ均しく国民であって、何と言っても国民の道義、知性、勇気が足りなかったために諸々の敗因が戦局の逼迫につれて大きくなったのである。この敗戦を以て、国民をして一大反省、懺悔せしめ、国体に対する信仰に徹し、もしも日本が今後降伏条件を遵守し、世界の平和と進運に誠実に奉仕してもなお、戦勝強国が暴圧をもって臨み、弱小国をいじめるか、または彼等相互の覇道的益争から戦争が起こった場合には、恐らく世界最終戦争の形で現われると思う。かかる場合は我方としては全く不本意のことではあるが、皇国維持のため、人類福祉のために十分の確信と用意とを以て対処しうるように、偉大な禊を行わしめたものと私は解している。即ちこれは全く神の尊い神意と拝察する。

一方私は敗因の根本的探求こそ、この際最も勇敢に行わねばならぬ重大な仕事と思う。徹底的に軍事、外交、科学、政治、経済、産業、道義その他凡ゆる角度よりこれを断行し、一目瞭然たる表現を以て国民一人一人に徹するようにしたい。これこそ日本民族が剛健にして理性的な民族であり、かかる徹底した探求と表現が許されるということは、いかに日本が與論の自由を尊重しているかの証左にもなる。これこそ民主主義の具現であり、米英もビックリするだろう」

問「今後の国民生活の指標は如何？」

答「まず国民は一、総懺悔すること。二、大都市生活を諦めること、即ち同義頽廃の根元たる大都会はこの際速かに解体する。三、徹底した簡素生活を断行すること。

この三つに徹した態度で生き抜かねばならぬ。大体今日の大都市は資本主義の親玉のアメリカの模倣であり、自由主義経済とともに膨れ上って発達したものだが、それが皮肉にも本家のアメリカの爆撃で大体潰滅してしまった。今後は大体幕末当時の領土の上に、その頃の人々の二倍以上の民族が生きてゆかねばならぬ。昔は米《こめ》と人口とを比較調整して、所謂適正人口を自ら形成していたらしく、鎌倉時代から江戸末期までの人口は三千万台を上下していた。これから日本は従来と違って他国と交易は出来ないし、これだけ混乱、破壊された生産設備を急に平和産業に切りかえても民需を満たすことは容易なことではあるまい。むしろ紡績工業などは国民必需の配給程度に留めるべきであろう。故に衣食住生活は戦時とさして変らぬ簡易剛健な方式を堅持すべきである。

一方生活は切りつめても、次代を背負う国民教育に対しては、高度の科学文化的水準に達すべく果敢なる革新方策を断行しなければならない。学閥の打破はこの際、官僚の打破と共に刻下の急務である。身体は獣の如く強靭にして、道義、知性は欧米人ごとき足もとにも及ばぬ高潔英明な民族をつくりあげるのだ。

簡素清貧な生活のなかから、最大限の精神力、労力を発揮して世界的な科学が生れ、学者、芸術家が続出していくようになれば、欧米各国は新生日本の姿に驚嘆し、東亜各民族は今迄の疑心と不信をぬぐい去って、東亜の協同的気運が力強く盛上ると思う。

この土台となるのは、大都市を解体し、農工一体の田園工業都市ともいうべき、食糧と工業事情と人々を勘案して一貫した国土計画の上に建てられた新しい都市と農村に、しっかり根を下ろした国民の真の簡素生活であって、これがアヤフヤでは駄目である。これから労働問題、農村土地問題、遺家族戦災者問題等、国民生活を左右する根本的原因である重要問題が深刻化してくるが、政府の新国土計画の確立と大都市解体の断行によって、これらの問題は解決されるであろう。この際国民は遺家族、戦災者の身の上を思って全国民丸裸となる覚悟がなければならぬ。これからの指導者たるべき人は、率先垂範してこれを実行すべきである」

言論の自由、官憲専制の打倒

「読売報知」の記者はここで、戦後政治の動向についても問うている。世界最大の軍略家にして農政学者、思想家である石原は、大政治家としての日本政治のあり方を語っている。東久邇宮内閣の政策は、石原莞爾構想といわれ、「影の首相」とまで言われた。その石原が、終戦から二週間後のドサクサの最中、「言論の自由が急務」ときっぱりとこう語っている。

答「畏くも首相宮殿下には国民に対して建設的な言論結社の自由を要望している。これこそ私共東亜連盟同志会が多年にわたり徹頭徹尾、力説敢闘してきたもので、万に一部軍閥、官僚のために実現を見ずして国民の底力を発揮しえないうちに戦争も終った。まことに残念至極である。併し現内閣は堂々これを揚げて国民に新しい道を開いたからには、国民は思い切って勇敢に所信に一進した方がいいと思う。日本の国体は君主主義とか民主主義を遥かに超越する存在であって、俗に云う日本における民主主義は官権主義に対する楔《くさび》であり、官僚専制の打倒は目下の急務である。これをもし民主主義というなら、日本はこれから世界第一の民主主義国家となるべきだ。これからは、日本に共和党も社会党も名乗りをあげるかも知れない。これはポツダム宣言の條項による聯合国の保障占領下における今後の政治情勢では当然予期しなければならぬことだ。

その際、日本官憲は余り慌てて見苦しい態度をせぬように今からお願いする」

ここで石原は誰よりも早く「言論、結社の自由」を、首相東久邇宮に進言している。首相もこのあと言論、結社の自由、特高の廃止を閣議決定した。また石原は、「共和党、社会党」の出現を予言した。共和党は生れなかったが、社会党はのちに二十二年の衆議院総選挙で第一党に躍り出た。多分に、石原のネーミングを使ったものだろうか。社会党員の中には、浅沼稲次郎など、かつて東亜連盟会員がいたからである。

石原は呼びかけた――。

「第一官僚諸君よ。どうか日本人を信用して下さい。日本人を信じぬものに日本国体の信仰はありえぬ。日本国体に対して不動の信念をもつものであったら、どんな政党が生れようとジタバタする筈はない。自分自身、ロクに国体の有難さ尊重さを知らぬが故に、欧州の二、三流の君主国が動揺しても気を揉んで発表の是非に迷ったり、一寸した風変りな政治団体が出来かけると、これを弾圧したり解散したりする。その上に官僚全体の自己保存と出世主義が働いて、益々国論、結社の自由を束縛し抹殺して、今日かくの如き無気力な日本人をつくり、ために軍閥、官僚、学閥、財閥の敵性的集団を自然に形成させてしまうのである。

然し、これというのも、大きな原因は国民全体にあるのだから、まず吾に国民が大反省すべきであろう。今後はどうか政府においては従来の言論、結社取締の諸法令を敢然廃棄して、明朗闊達な国民政府を布かれたい。どんな収穫でも、それが国民の政治的意志の表明によるものである限り、野放しにしてもたいしたことはない。そこは民族の道義と良識を信頼すべきだ。この戦争で国民道義が低下したといっても国体への信仰、忠誠心は衰えていると思っていない。

そこを肝において大胆に政治を行うべきだ」

そしてなおも「特高警察廃止」を強調する。

「政治憲兵も同然である。思想、信仰は元来官憲が取締るべきではない。これは国民自身の取締によるべきだ。かかることの出来ぬ民族は自主独立をなしえない。

政府は勿論、結社に対する態度を明白にした上は、それを阻害する法令を廃止し、適当の時機に成べく早く議会を解散して国民の自由意志による選良を迎えることと思う。この選挙には候補者をして言いたいことをドンドン言わせればよい。そして国民の自由批判に任せるべきである」（中略）

原爆を落としたアメリカへもの申す

国軍に対して意見を聞かれると石原は、

「自分も軍人である。大詔を拝して洵に腸の千切れる思いがした。この際かれ是と申す事はない。国軍の名誉のために承詔必致、迅速なる復員を断行し大御心を案じ奉るべきと思う。次代の軍備は恐らくは今日の如き陸、海、空軍と全然異なるものと思う。国民は民族的な伝統精神を悲しく思うであろうが、戦に敗けた以上はキッパリと潔く、軍をして有終の美をなさしめて軍備を撤廃した上、今度は世界の与論に、吾こそ平和の先進国である位の誇りを以て対したい。将来軍国に向けた熱意に劣らぬものを科学、文化、産業の向上に賭けて祖国の再建に勇往邁進したならば、必ずや十年を出ずしてこの狭い国土に、この厖大な人口を抱きながら、世界の最優秀国に位して絶対に劣らぬ文明国になりうると確信する」

最後に記者は、これからの対外政策を質問している。石原の答えは、とても終戦直後の発言とは思えぬほど、大胆である。

「先ず日本が履行せねばならぬ條項に対しては国より忠実に率直に実行すべきだ。併し遇に報ゆるに薬を以てする覇道外交に対しては身に肘鉄を帯びずとも、世界平和と人道の為めに彼の態度を糾弾し反省を求めねばなるまい。米国は民主主義国だから、ドイツに対する如きことはあるまいと思うが、目下のドイツ民族は立直るという気がする。ドイツの如き強大な民族史とも、国家には暴を以て暴に対してもこれを精神的に屈服しえず、むしろその怨恨は根強く残されて平和の禍根となる。

蒋介石は先般重慶全軍に対して、暴に報ゆるに暴を以てすべからず。日本との永い抗争は水に流した。日本人に危害、掠奪の暴挙をするな、との布告を放送したというが、正にこれなどは東方道義に徹した尊敬すべき態度で、王道精神の顕揚である。ここに於て私は支那に戦争でも道義でも完全に敗けたと痛感した」

「これから日本人は謙虚な気持になって満、鮮、支人とつき合って相互信頼、敬愛の念から生じた東亜連盟の結成に、各自が努力出来るようになれと思う。日本としては誠意をもって今後支那に対して東亜の将来につき協議し、その正しき理解を求むの態度にあるべきだ。東亜の各国家に対して日本が欧米覇道政策と同様な態度で臨んだ過去の一切の罪は、衷心から深謝する勇気を持たねばならぬ」

最後に「満州はユダヤ人の妄住地を創ってやってはどうか」と提案すると同時に、原爆を落として非戦闘員を虐殺したアメリカに対しては、思いもせぬ、胸がすっきりするような、石原莞爾らしい発想を披露した。

「――さしづめ米国は原子爆弾と中小都市爆撃で日本全土を荒廃し、数百万人の非戦闘員を殺傷せしめたのであるから、今後日本が恭順の意を表して男らしく屈服したからには、現物賠償のどうのをと金持国にも似合わぬケチなことを問わず、反対に日本再建の資金位出したらどうか。

日本の宗教界も、米国のとった原子爆撃に真正面から、人道無視の刻印を捺して執拗に抗議すべきである。キリスト教も救世軍も、これからはどんどん活動して戴いて、賀川豊彦先生あたりから日本の公正なる与論を、アメリカに通じていただきたい」

石原は東久邇宮内閣の組閣のさい、キリスト教伝道師の賀川豊彦を、内閣顧問に推薦して、首相補佐役にした。賀川は海外メディアとの渉外係をやり、受けもよかったからである。

「敗戦の癌を噛み出せ」

それにしても、なんとも大胆な発言である。

日本人はいつどうなるか、連合軍が上陸したらどうなるか、敗戦国の行き先が分らず、ある者は自殺し、ある者は身をおとしていくなかで、石原はまるで救世主のように、全国民に声高らかに呼びかけた。また官僚には反省を促し、法律を改正させ、それでいてアメリカには戦後の賠償どころか、逆に広島、長崎に原爆を落として非戦闘員を虐殺したかわりに、日本の再建のため資金を出せ、と訴えている。

石原は全国紙の毎日新聞のインタビューでは、「日本人は懺悔し、世界の進展を達観せよ」と、日本人を勇気づけた。その中で「敗戦の癌を噛み出せ」と、国民意識の変化を訴える。

二十年八月二十八日付の「大阪毎日」は表面のトップに九段で取り上げた。石原は冒頭で、「今われわれのなすべきことは何か。先ず第一に敗戦の原因を直視することである。恥ぢらいつつ、他人に裸身にされる前に、自ら自己欺瞞の衣服を脱ぎ、身の皮を剥いで敗戦の癌を噛み出さねばならぬ」と語った。

「私が信じ、国民またひとしく直観するところの敗戦の最大原因は、一に国民道徳の頽廃にあった。政治、生産、国民生活の各方面にわたって道徳の低落ぶりが如何に戦力を相殺せしめ、挙国一致を阻害したか。その一々の例はあへてここに示さなくても国民のすべてが己が身辺に無数の経験をしたところである。

ましてその悪毒が戦争遂行の中核たる軍隊にまで波及せんとして、事態は決定的な様相を呈したのである。この故に故阿南陸相は就任早々より道義の顕要《けんよう》を旨とせられ、『義は戦力なり』といはれたのは国民の記憶に新たなところである。

事新しくいふ迄でもなく、わが軍隊は健軍以来五条の御諭しを恐《かしこ》み純潔一路、世界の汚濁に染まずひたすら軍の精神強化一本に徹し来ったのである。これが近来国民の政治的無気力さと政治家の信念と節操なき媚とに乗せられて政治面に逸脱し、やがて生産に、食糧問題にまで拘るの余儀なきにいたったのである。そしてこれがひいては国家総力戦の真の姿を歪曲し戦力の綜合発揮を弱めたのである。このことは個々の責といふより、結局国民道徳の低調化といふ根本的欠陥に帰せざるを得ない。さらに死児の齢《よわい》を数へるならば、彼我戦力の正確なる計算を欠き、世界戦史の調べを超えようとした点も指摘出来るが、それは当時の情勢と、かかる作戦を敢てせねばならなかった当事者の苦衷を考へねばならぬであろう」

そして進駐軍の上陸を前にした覚悟をこう語っている。

「いよいよ連合軍の進駐を見んとしてわれらはここに毅然として大国民の態度を示さねばならぬ。短急をもって事を誤る短見者は卑屈をもって国の栄誉を汚すものと同じくわれらの絶対に排撃するところである。適切な例ではないかも知れぬが、かの赤穂城明渡しの際の大石内蔵之助の態度を考へて見る必要がある。

彼は赤穂城の一切の整理をつけ塵一つ止めずに清掃して明渡したのである。われわれもここにけち臭い根性を一切捨てて物的にも精神的にもさっぱりと大掃除して進駐軍を迎へよう。ことにわが軍隊の、戦はざる数百万の精鋭は大君の命のまにまに粛然として武器を手放し故山に帰えりつつある。それでいいのだ。まさにそれでいいのである。天皇の軍隊は天皇の御命によって喜んで玉砕し、粛として戎衣《じゅうい》を脱ぐのである。そこに日本軍隊の真面目があり精華がある。進駐軍は恐らく日本国内の混乱を予想しているであろうが、これに対する新日本の第一歩の踏出しは、わが軍隊の整然たる復員のあり方でなければならぬ」

今後の急務について、石原は思想は自由に、結社は活発であるべきと、思想取締りの撤廃を誰よりも早く、強調した。

「日本の精神的清掃の一つとして、この際私の特に強調したいことは、官僚による思想取締りの撤廃である。元来思想は絶対に権力をもって抑へてはならぬものである。思想に対するには思想をもってせよ。外来思想に対抗しこれと戦ひ壓倒し得ないところの思想は、はじめからない方がいい。神道は立派な国民的思想である、しかるに世の低級神道家は自己の無知無能の故に他の宗教思想に対抗出来ず、官憲の力を借りてこれを屈服せんとし、似非愛国者どもは権力の掩護の下に自己の弱点を蔽ひ他を恫喝し続けて来た。かかる輩は自ら国家を他の精神的属国化せしめつつあるもので、不忠極まりなしといふべきである。思想、言論は自由たるべく、結社は活発たるべし。むしろそのなかにこそ真に日本的であるが故に、真に国際的な思想結社が強靭に鍛へられ発展してゆくのである」

日本人が一番知りたい、これからの生き方については、石原はアメリカ生活様式、異文化への対応を踏まえ、ベルリンやロンドンの例を引合いに出して、ドン底まで落ち、そこから這い上がるのだと、次のように心構えを説く。

「――それにしても日本は今後物心両面にわたって恐るべき疾風怒濤時代を迎へる。米国は自己の善と信ずる生活、文化様式、思想を瀧のごとく注いで日本をアメリカ化せんとすることは明かである。それは教育に浸透し生活を風靡するにいたるであろう。それに英国的、ソ連式思想が加はって来る。日本的思想、醇風美俗《じゅんぷうびぞく》、世道人心は滔々たる大勢に押し流され寸断され、もみくちゃにされる。

私は日本は思想的にドン底まで叩き落されるものと確信する。満州事変、支那事変においても日本国民は目覚めず、大東亜戦争においても未だ精神的に起き上がらず、その敗戦の惨烈さに遭って、はじめて覚醒《醒》するかと思へば未だしの感である。要するにまだ足りないのだ。落ちて落ちてドン底につきあたり、どうにもならぬ時に至ってはじめて民族の魂が究極の拠り所を呼び求めるのである。一陣の清風、一個の炬火、それは真に魂の求める時にこそ與えるべきものである。怒濤よ逆巻け。暴風よ吹け。それはすべて日本人がそれを経験しなければ目覚め得ぬ『民族の禊』であることを私は確信する」

石原は日本人が希望を持って生きる条件を二つ示した。そして生活の変化に即応し、新しい国家を再編成して行こうと、敗戦後の日本人を励した。

「かくのごとく私は苦難の中に明るい希望を持つものであるが、日本人が真にこの希望を具現し得るためには二つの条件が必要である。

一つは日本人が心から懺悔をして、その後に清々しい謙虚さをもって再出発することである。我執、我欲、自尊心、中傷、嫉妬、縄張り根性など日本的悪徳を葬ることなくして日本の蘇りはあり得ぬ。

その第二は神の摂理ともいふべき世界文化の過程を達観することである。万物は流転し、文化は進展してやまぬ。現在の文化を固定して眺め進化の実現を把握し得ぬ民族は落伍民族である。人類は自給自足の姿から分業形態に進み、文化に文化を固めて今日に至っている。しかしそれはあくまで今日の相であって、明日の姿ではない。分業にもとづく生活形態、国家組織は、再び新しい形を求めて変化しつつある。工農両民あるいは工農一致の傾向はすでにその萌芽を示しつつあると見るべきであろう。かくていまや、都会の存在意義は喪失しつつある。

都市の使命は今日まさに終った。神はロンドン、ベルリン、東京の破壊において明かにその事実を人類に教えたのである。文化の進展に順応するやうに生活を切換へ、国家組織を再編し、生産形態を整備して行く国民こそ、神の訓へに忠実にして文化進展の実相を把握する、明日の国民といへるであらう」

この原稿は毎日の速記記者が翻訳して清書したものに、石原が手を加え、談話調に文章化したものであろう。石原は談話調の文章には、必ず自から手を加えることにしていたからである。

あとのカラスが先になる

終戦直後、まだ占領軍が来る前に、身も心も打ちひさがれてボロボロになった日本人に、小さな明りをともし、生きる勇気を与えた論文は、この石原論文以外にない。

読売報知も大阪毎日、毎日新聞も、東条内閣を批判し、憲兵と特高にマークされながらも正論を曲げなかった石原に、敗戦国日本人の心がまえや救いを求めている。まだ憲兵も特高もいて石原を監視していたが、それでも石原は東亜連盟の運動方針を、語り続けた。

八月三十日、石原は午後二時の列車で上野を発ち宇都宮に着いた。翌三十一日は雨になった。東亜連盟関東地区大会は宇都宮の三楽園で開催され、雨の中を「敗戦は神意なり」と声を大にして講演している。

青森生れで、終戦後は石原の講演を、関西、四国、九州で代講した白土（小泉）菊枝はのちに『将軍石原莞爾』を出版するが、この日は高崎市から宇都宮に出て、石原の講演を筆記した。「当日の会場は聴衆の熱気で、外壁は勿論、窓枠や扉まで撥ね飛ばさんばかりに、ウオーン・ウオーンと唸り声でも飛び出しそうな塩梅でした」と語っている。以下は白土の記述である。

この日、石原は講演の冒頭で、いきなり、

「負けてよかった！」と言って続けた。

「――勝った国は今後益々軍備増強の躍進をするであろうが、日本は国防費が不用になるから（注、国家予算の六割）、それを内政に振り向ける。戦争が蒙った国土荒廃は十年で回復する」

「戦争術の発達は、間もなく今の軍備も、もはや竹槍程度の役立たずにしてしまう。大掛かりな軍隊組織もいらなくなる。科学兵器の発達は、今度の原子爆弾投下のように飛行機で運び、投下すると急いで逃げて帰らねばならぬような手間のかかるものではなくなる。小さなマッチ箱程度の爆弾、或は体内に隠してしまえるキャラメル位の大きさになる。たった一人が敵地深く侵入し、主要箇所を爆破するというような戦争になるから、武器の製造も個人の町工場で充

分なのだ」そして、

「どうです皆さん！　何も悲観することはありませんよ。後のカラスが先になる。敗れた日本が世界史の先頭に立つのですよ！」と予言し励ましている。

「町工場で武器製造できる」ことといい、「小さなマッチ箱程度の爆弾」といい「十年で国土は回復する」予言といい、「後のカラスである日本が経済大国になったこと」といい、敗戦後の日本は予言者石原莞爾が語ったとおりになった。

荒廃した国土は十年後の昭和三十年、朝鮮動乱を境に造船ブームが起き、日本は「世界の工場」と言われ、国道が整備され、都心にはビルが林立した。あちこちで槌音が響いた。

「将軍が満場を見渡すたびに足を踏み鳴らし、手を打つ歓声は大きくなる一方でした。祖国の悲運を嘆き、国に殉じて我が生命を断つ人々の後を断たない時でした。更に語気を強めて師子吼されたのは、アメリカ大統領、トルーマンの非人道行為でした」と東亜連盟の婦人部リーダーの白土菊枝はこう書き残している。

「――戦争の時には、戦場の惨劇に心の平衡を失った兵卒たちは、往々にして残虐極まる行為をするものだ。然し、一国の大統領ともあろうものが、数十万の非戦闘員の殺戮を目指す原子爆弾投下を命ずるとは、世界の戦争史上類例を見ない暴挙ではないか。私を講和の全権大使にさせれば、私はアメリカから賠償を取って来る。トルーマンこそ戦争犯罪人だ！と、石原が声を大にして叫んでいるとマッカーサーに言え」

戦争放棄、都市解体、簡素生活

白土菊枝によると、この時の石原の演説は大きく分けて三つの柱だったと、次のように解説している（『将軍、石原莞爾』）。

第一の柱は「戦争放棄」である。軍事予算をゼロにして第三次産業や社会資本に回わせば日本の復興は十年で達成できる。「なぜなら、有史以来培われてきた日本人の高い資質の上に、明治以来の普通教育の高さが、西欧の科学、技術の能力を合体させ、国民全般にその能力を発揮できる」「戦争を放棄することは、第二次大戦後、ソビエトも欧米も、そのために国力をそがれて行く軍事費への支出を、日本は殆どゼロにして社会建設に投資するばかりではありません。人類の前史まさに残らんとす、と表現できるほどの科学、技術力を生む第二次産業革命に、世界でも珍しいほど教育の平均的高水準にある日本人が、その能力そのものをも、軍事関係に割くことなく、平和建設に向けて全国的規模で全開できるとき、単なる復興などという次元を切りはなれて、世界の先頭に立てる。まさに、敗戦は神意なりです」

第二の柱は、戦争放棄により、どのような社会を作って行くか、国家造りの構想を「都市解体」「農工一体」そして「簡素生活」にまとめている。

石原は産業が集中している都市が、米軍のＢ29で爆撃され、生産能力を失ったことを悲観しないばかりか、むしろこれを機会に、都市集中型から田園のある地方に移り住み、自然と共存できる生活を選ぶべき、よい機会である、と呼びかけ、こう語っている。

「第二次産業革命がもたらすであろう高度な科学、技術力によって、われわれが田園に分散し、農と工業が一体となり、自然と共生する」

「簡素にして高雅な生活をすることによって健康体をつくり上げ、直感力を掘り起すことができよう。次代の科学はこの直感力なしには進展しない。（中略）人類後史は、単に戦争のなくなる時代ではなく、文明が都市解体の方向に大転換せずにはおられなくなるであろう。われわれは世界に先んじて都市解体を行おう。東京が空襲によって灰燼に帰したのは、神がその方向を示されたのだ。しかし方向づけの観念だけではダメだ。例えば東北では、われわれ東亜連盟同志が率先して、どの位の都会人を、自分たちの所に受け入れられるか、早速具体的な案を立ててようではないか」

第三の柱は「社会革命」である。

石原はここで、人類の未経験の社会を作るためには、暴力革命の方式では不可能で、これまでの政治革命ではなく、社会革命の方式をとらねばならない。革命せざるを得ない社会とは、指導者の固定から起こる」

と言って、科学する社会づくりを強調した。

石原が言うところの「科学する」とは「今まで解釈され世界に満足せず、世界の存在の真のあり方を命のある限り追求し、それを誰もが検討できるように客観化し、さらに奥深く追求して行くことで、一人一人の人間が、今まで誰にも開かれていない世界を開いて行く存在となる必要がある。そのためには指導者がけしからんと言ってその打倒をめざしたり、他に要求することをもって、人間性の回復をめざすようなやり方を百八十度変えなければならない、と将軍はその事実を指摘された」と白土菊枝は書き残している。

そして、終戦直後に次のような信じられない夢の話もしている。

「――まっさきに交通、通信網を確立させよ。日本列島は細長いから飛行機を下駄ばきのように使え。農村は間もなく各家ごとに自家用車を持ち、鉄筋コンクリートで冷暖房、防音設備完備の家では、世界最高の音楽、演劇を楽しみ、各部村は飛行機を持ち……」

「なによりも信教の自由、言論の自由、結社の自由が重く感じられる。弾圧する者はいなくなる」

と、新憲法が検討されるはるか以前の、終戦から十五日目に、石原は信教の自由、言論、結社の自由を謳い、夢まぼろしの天国の生活を語った。

白土菊枝によると、「誰もが将軍の話に喜び、驚嘆の声をあげて聞いた」とある。

第3章

再生日本の道

敗戦は神意なり

九月一日、東北地方はどんよりと曇り、のちに小雨となった。

石原莞爾は、弟の六郎と別れると、朝五時四十分発の普通列車で宇都宮駅を発った。福島県白河郡矢吹町中畑村に着いたのは朝の九時頃である。ここには盤湯支部がある。

矢吹駅に着くと、迎えのリヤカーが、駅前に停っていた。支部の会員が出迎え、駅裏に出て隈戸川に架かった木橋を渡る。中畑村の公民館に着くと、すでに千人以上の老人や農家の主婦や子供が集まっていた。男たちは皆兵隊にとられてほとんどが戦死、または満州や中国本土から復員していない。石原は「しなくていい戦さをした」と謝ったあと「敗戦は神意なり」を中心に、日本の将来について話している。

午前中の講演と会員との談笑が終ると、次の石川村での講演会場に出かけた。ここでも会場にいる者は老人と主婦と子供だけで、若い青年や農夫たちの姿は一人もなかった。

二日の夜は郡山に出て一泊した。雨が降り続いた。翌九月三日朝は郡山大会で講演し、「日本は敗れてよかった。あとのカラスが先になるのですよ。もう戦争はない。これから立ち直るんですよ！」と叫んだ。ここには各方面からの臨時列車が出て、一万五千人が集っていた。

郡山大会後は福島市に出た。同志の大島英二宅に一泊し、翌四日、新庄経由で鶴岡に戻った。風邪を引き体調を崩していた彼は、この日東京から来た蓮見喜一郎医師の訪問を受ける。

東亜連盟では宇都宮を皮切りに新庄、盛岡、秋田の東北地方で、十月に入ると京都、大阪、中国、九州は長崎まで講演会が組まれた。これは進駐軍がやってくると、間違いなく東亜連盟運動を弾圧し、解散させると予見しての行動である。事実翌年一月四日、GHQから突如として「東亜連盟も戦犯団体だ」との間違った判断をして解散を命じてきた。この時の指名者は共産党員などで、石原莞爾の中国と仲良くしようという東亜連盟運動を潰しに出る。偶然というか、石原の予見どおりというか、終戦から四か月後に、黒龍会や玄洋社などと一緒に解散指令が出た。

かつて戦時中は「東亜連盟は右翼ぶった共産党だ」（東京憲兵）とか、「赤だ」と言われてきたが、戦後は真意も分らず、手のヒラを返して右翼グループに加えられた。

石原莞爾は、トルーマン大統領もマッカーサーもダメな奴と分っていて、東亜連盟潰しにくると読んでいた。潰される前に全国を行脚して講演を続ける予定を組んでいる。まず九月は関東・東北地区を、その間に白土菊枝が養女のみどりを連れて関西、山陰、九州地区に出かけ、石原の「敗戦は神意なり。都市解体、農工一体、簡素生活」による戦後復興策を、石原に代わって女性グループが「代演」して歩いた。

その後十月に入って、石原が同志たちと一緒に、関西から九州へと、行脚に出かけるスケジュールを組んだ。

石原日記の九月五日水曜日の日付には、たった二文字「蓮見」とある。蓮見とは鈴木貫太郎内閣の顧問で、また蓮見ワクチンを開発した千葉医大出の蓮見喜一郎博士のことである。

蓮見は人間の癌も植物、動物同様にウイルスによるものと「人癌ウイルス説」をとり、私財でワクチンを開発し、二十二年一月には石原の膀胱癌を治療することになる。

九月五日は初対面だったが、用件は、石原莞爾が東久邇宮内閣の仕掛人で芝居の黒子と知り、蓮見の言葉をそのまま引用すれば「次のバトンタッチの用事で、石原さんの所へ面会に行きました」と、いうことである。

昭和五十四年五月一日発行の『癌と斗う』は蓮見癌研究所の機関誌である。当時所長の蓮見に、吉田医院の吉岡孝次院長がインタビューしたことに対してこう答えている。

「――八畳の日本間の応接間で待っていると、向こうの襖を開けて石原さんが入ってきました。初対面ですがね。着座すると同時に、私は将軍に、膀胱かどこかに宿病がないか、と質問したんです。すると、膀胱癌で仙台と軍医学校と満州軍の病院で一度ずつ三回切ったが、そんなこと誰から聞いたんですか、と言うので、あなたの顔にちゃんと書いてある、と言ったらびっくりしていましたがね」

戦時中、蓮見博士は西部軍司令部参謀長顧問だった。昭和二十年四月鈴木貫太郎内閣ができると内閣顧問に迎えられ、「玉音放送」と「終戦詔勅」の案文にも関わっている。戦後は石原と対面後、東京の珠光会診療所に迎えられ、昭和十八年から取り組んできたワクチンの研究を続けている。

内閣引継ぎ用件の前に、二人は癌の話になった。その後、医師と患者の関係になる。石原が肺を患って病死した時、死亡診断書を書いたのは、蓮見喜一郎博士だった。

新庄での講演に三万人が集まる

鶴岡市から列車で一時間先、最上川の上流にある新庄駅は、酒田や、鶴岡方面からの陸羽西線、秋田、横手方面からの奥羽本線上り、山形方面からの奥羽本線下り、古川駅からの陸羽東線が乗り入れ、乗り換え駅である。

九月十二日。この日は好天に恵れた。

東亜連盟山形県地区大会は新庄町の最上公園広場で開催された。場所の地名をとり、その後は新庄大会と言われる。開催時間はお昼の零時三十分から約二時間を予定した。

新庄大会のため、石原は元満州国協和会の中心人物の山口重次に頼んで、山口が懇意だった小日山運輸大臣に、臨時列車を出してもらうように交渉してもらった。交渉の結果、当日庄内地方から二本、置賜地方から一本、それぞれ新庄駅に向けて往復の臨時列車を出すことになる。

当時鶴岡工業高校二年生だった万年先少年は鶴岡駅から新庄駅行きの貨車に乗り込んで参加した一人である。まだ十三歳の少年には、何があるのか分らなかった。両親が東亜連盟鶴岡地区の会員であった関係で、また学校でも同級生や先輩たちが、大会当日の列車の時刻の話などをするようになり、無届けで学校を休んで、鶴岡を十時発車の臨時列車に乗り込んでいる。

大人たちも子供たちも、黙々と歩き、一番ホームに停っている貨車に乗り込んだ。どういうわけか、子供たちは子供たちでまとまり、同じ貨車に乗り込んだ。万年先少年が床に座わったときである。彼の前に、坊主頭の石原莞爾が座っていたのである。

万年先少年は自分の眼を疑った。何度か写真で見ていたが、本ものを見たのはこの時が初めてだった。同級生も何人かいたが、当時皆んな口をきけない心境だった。万年先氏は「当時は戦争終って直ぐでしたから、我々は本当にどうなるか、明日殺されるかどうなるか、そんな心配をしていたですよね。鬼畜米英という言葉が強く言われてましたから」と、貨車に乗り込んだ頃の心境を語る。

ところが、意外なことから、石原莞爾と万年先青年との会話がはじまった。万年先氏の話をテープ録音のまま、以下に再現する。

「将軍は泰然としていらして、笑うでもない、何かその、お前達頑張れと言うのでもない、なんて言うか、今考えてみると、仏像のようなお顔と言いますかね、感情を表に出さない。あの頃から戦闘帽をかぶってたんですよ。すると将軍が〝帽子を貸してみな〟と言って私の帽子を。〝帽章が俺達の時より小さくなったな〟って。そんなたわいのないお話をされていました。つまり大きい話はなさらなかった」

そう言っているうちに、貨物列車はドアを開けたまま発車し、庄内平野に黒煙を上げながら余目に出た。そこで酒田方面からの列車を連結し、最上川の上流に沿って、各駅で停り、参加者を乗せ、新庄駅をめざした。この時の石原は白の半袖シャツに下駄履き姿だった。

二時間後の十二時頃、列車は新庄に着く。そこから大通りを西へ十分ほど歩く。すでに新庄駅は参加者でごったかえしていて、立っていることもできないほどだった。一説ではこの大会に集まった人は三万人とも言われ、東亜連盟大会としては最高の人数だった。万年先氏が語る。

「あの頃はの、やっぱりあれでしたの。つまり先が見えなくて、どうなるすか。女の人なんかの、髪を切って男の格好して、山に逃げ込んでね。顔には煤をを塗ってさ。そうしてなくてはいけないんだって、本気で言ってた頃ですからね」

米軍が鶴岡に進駐して東北電力ビルに駐留するのは新庄大会のひと月後である。庄内地方の人たちは、皆殺しになるのではと、脅えていた。そんな最中での石原莞爾の演説である。戦後は市長や警察署長の言葉より、石原莞爾の演説に、救いを求めていた。

新庄駅に着いた一行は、駅前から石原を先頭に四列縦隊でやや下り坂の道を最上公園へ向かった。地元の会員たちが、それぞれ十字路の交差点に立って交通整理した。商店の人たちはバケツに水を入れて手渡した。

新庄駅から最上公園前の交差点までは約一キロある。歩いて十分はかかる。先頭が公園に着いた頃、最後尾の者はまだ駅前にいた。道路を四列縦隊で歩いているから、参加者数はやはり三万人近かったという説が正しいようだ。

石原と、東亜連盟理事で元満軍顧問、満州建国大学教授で、剣の達人であった和田勁の二人は、最上公園に着くと、公演前の近岡邸で小休した。

午後零時三十分。連盟儀礼、国家奉唱のあと、鎌形浅吉最上支部長が開会の辞を声高く読み上げた。そのあと石原が、公園の端の木立の中に特設された櫓に上がった。この日石原は白の開襟シャツ、左腕に腕時計をはめて、公園を埋め尽している会員たちに、マイクなしで大声で「再生日本の道」「敗戦は神意なり」を講演した。会場内に入り切れない者は木に登って拝聴した。庄内からきた万年先少年は石原の顔が見えなく、声だけを聴いている。

石原は九月九日付の山形新聞の一面で、「再生日本への道」を発表している。ここで石原は「非武装国家の再生」「国土再建構想」「食糧自給に成算あり」「再生日本の産業」「国民総懺悔」について次のように語っている。この論文は、新庄大会及び盛岡、秋田大会の講演内容とほぼ同じである。以下に山形新聞に発表した論文を要約して引用する（注・当時の凸版の活字が

潰れて判読不能な文字が多く、□にする）。ここで石原は冒頭に、

「日本は敗れた。軍は解体され、文字通り武装なき国家となる。嘗て、日本が持っていた富国強兵的な国家繁栄論、領土拡張的民族発展は茲に全く清算されなければならぬ。然らば武装なき国家の繁栄と民族発展の姿は如何にあるべきであるか。いわゆる道徳国家、最高度の文化国家の建設である。もとよりこの理想国家の建設は領土的軍隊に於ける狭議の国家概念ではなく、相等しき道徳の概念に血盟し、共通なる文化世界の建設を目指す民族の生活体を意味するものである。先ず我々は東亜において武装なき道議国家の建設を目ざさなければならない」と力強く呼びかけた。

「米・英はドイツと日本における全体主義、国家主義的政治と思想とを否定するが、これは狭盤なる国土に厖大な人口を擁する国家として一応止むを得ない傾向であったし、本来自由を希求せざる民族は世界の何処にも存在しないのである。唯米・英における自由主義はその厖大なる領土、地域を前提として初めて可能であったのだ。この点は米、英人が新しき□□による文化世界の建設を希求するものならば、当然反省すべきところであると思う。米、英は世界永遠の平和を保護するために、相手国の武装を解除するという。吾々は同じく平和のため、相互に武装を解除すべきだと主張する」（中略）

石原は武装解除についてさらに、「自らは武装して相手国を非武装として、これに臨むという覇道的思想は、永遠の真実たり得ないのみならず、必ず自らの武装によって、自らを刺す運命に逢会するであろう」と非難している。

国土の再建は農工一体で

国土の建設については「都市解体からはじまる」と、次のように述べる。

「在来大都市集中的な生産と消費の方式は根抵から払拭されるであろう。何遍も言うことだが、いわゆる近代都市的なるものは資本主義的発展の過程における過度的段階の形態であり、決して人類生活の最高の相でもなければ、真実の意味での文明象徴でもないのである。(中略) 国土再建の構想とは、首相宮殿下の仰せの如く徹底的な人口の再配分による全国民の帰農生活を前提とし、これに新なる綜合生産方式としての小規模にして精密高度なる工業が配置されることである。いわゆる農工一体の自給しつつ生産するという、人間本来の在り方に根ざした、つつましく楽しい小規模・高度工業が望まれる日こそ、新生日本の美しく、健康な国土が出現するのである」

食糧問題では、

「私の体験によれば、東北地方では三反歩(注、西日本の六〇%収穫)、関東以西では二反歩の耕地さえあれば五人の家族が自給自足することが可能である。この計算で行けば、現在の農耕法によっても一億の人口を養うことは決して困難ではない。

日本には現在六百万町歩の既耕地があり、三百万町歩の可耕地がある。が仮に三百万町歩の未耕地を除外しても六百万町歩に三反当り五人家族二千万戸を収容できるではないか。即ち一億人の食糧自給が可能なのである。

こういうことを言うと、直ぐ、やれ土地所有権の問題がある、それ農村組織、制度の問題だ、農業技術の問題だと目前の損得だけを並べてくる。まるっきり現実の事態に盲目なのである。敗戦という現実を真に直視し、真に日本の再起を希求することに全国民の意志が一致するなら、このような制度だの組織だの技術だのという損得を打開する位、まことに易々たるものではないか。すべて在来のままの観念と堕落によってしか考えないところに、なんとしても立ち直れない国民の堕落がある」（中略）

「元来、農業、工業という分業生産の方式は、これ亦資本主義的企業生産が生んだ中間形態であり、今後はこの分業生産から、矢張り綜合生産の方式に移行せねばならぬ。いわゆる農工一体の生産、吾々の言う農村工家のこれである。米と麦の裏作と――諸の二期作と、これによって食糧を自給する――一家の主人公は朝夕に耕地に降り立ち、ひる間は家族達が農耕に当る。主人はその間、地方に分散設置された高度工業の生産に従事する。つまり自給農家、綜合生産の単位農家がこの構想である。

この構想が具体化すれば日本の食糧自給に断じて不安はない」

これは、まさに農政学者、石原莞爾でもある。石原は単なる軍略家ではなかった。彼は「国造り」の理想家だった。時の総理大臣が思い描くべき戦後の国家造りである。しかし時の首相や政治家たちには、そんな頭脳を持った者はいなかった。

二期作、裏作などという農業用語は、石原が東亜連盟の自給自足経営を実践し、農家と一緒に取り組んできた実績から出た農業技術である。

「都市解体」「農工一体」は石原が戦前から言い続けてきた国造り方針だったが、戦後は米軍など進駐軍がくる前に実行したい一念から、講演先々で話してきた。今後、日本人は農業をやり、主人は昼間工場で働いて現金収入を得るという「農工一体」の理想国を、石原は急いでつくり上げようとしていた。

さらに石原は農工一体論の可能性をこう語っている。

「都市は解体される。必然に都市中心の工業生産も復活してはならない。工場を地方に分散経営することの可能と有利性とはすでに実証された。次代の工業は、都市より移動する人口と共に、いや移動分散する工業と共に、人口の地方移動が始まる。一例をとれば関東一円の都市から四百万の人口が東北・北陸に移動すると見る。そのうち本縣（山形県）には約八十万人の流入と算定する。

この人口は必然に都市工業の分散と共に移行すべきだ。かくて既耕地、可耕地の再分配による食糧自給農業と精密高度工業――世界製品に冠絶すべき高度精密工業が併行的に企図されねばならぬ。農村産業はもちろん国内民需・工業も、この方式における綜合生産の形態こそ次代日本の産業形態であり、道徳と文化の真実の意味における高度国家の生産体制であらねばならぬ」

「在来の資本主義的大量生産方式がそれ自体の性格として再び市場争奪的、侵略主義への危険を孕《はら》むことは、世界の現実がこれを実証しているではないか。道徳国家、文化国家として再生すべき日本の産業は決してかかる形態を再現してはならない。唯この場合、都市よりの移動人口を受入るべき専業農家は、その耕地の分割によって一方的に大なる犠牲を要求される。

私は実にこの犠牲的精神を農民諸氏に歓迎するのだ。いや、農民諸氏が、茲まで自覚し、実践することによって、始めて日本は救はれる。敗戦日本は再建されるのだ。八千万国民悉く三反歩月給農家に還る――この基礎の上に日本の伝統と近代科学の枠を蒐めた高度精密工業が、適正な規模に於て誕生し、毅然たる文化日本が新生するのである」

節操なき政治家の罪

石原が最も怒ったことは、戦時中に国民が選んだ国会議員の暴言であった。石原が造り上げた東久邇宮内閣だったが、東久邇宮首相が国会で「国民総懺悔の秋《とき》である」と述べたことに対し、東郷実という衆議院議員が「敗戦の原因は軍の政治壓迫と官僚の暴政にあり」と言った。

これをラジオで聞いた石原は、

「何事であるか。その壓迫とか、暴政とかを、昨日の議会に於て満場一致、拍手喝采で議決したのは一体何者であったか。彼等自身（政治家）その壓迫と暴政を礼賛支持し乍ら、今日に及んで自責するところなく、活然として軍、官に責を転じ、泡を飛ばして難詰する。信義なく節操なきこれ等の政治家に何の懺悔があり、道義があるか。敗戦は実に吾等一億全国民の罪である。この事に対する徹底的な反省、自責なくして、宮殿下の総懺悔が何処に在り得るや！」

「元来軍人とか官吏とかは言論、批判に対して最も臆病なものである。若しも軍人と言論人が真に自ら信ずる所の正義を吐露して憚らなかったならば、今日の如き悲惨な破局は来なかったのであろう。正しく国会言論人の罪こそ実に重大である。然もその人に自責、懺悔なしとすれば、国民に未だ懺悔なしという外ない。自責と懺悔なくして、道徳国家の建設の如き痴人、夢に等しい。斯の如き国民の全てが真に懺悔再生するためには、今後言語に絶する苦難を体験しなければならない。思想は混乱を極め、失業者は巷に溢れ、餓民路傍を彷徨する。相剋混沌、実に生死一□のドン底に沈没しなければならない。遂に再起新生の日は来ないのであろう。それも宣し、真実なる国家再生の為めには、この過程も亦避け難きものとして黙視する他ない。

真の懺悔も再生の気魄も、所詮は各人自らの□□自発に待つ他はないのであり、今にして尚その奮起なき日本国民は、遂に煉獄の苦患を甘受する外はないと思ふ。その苦患を通じてのみ、国家再建の希望ありとすれば、吾々はせめても、その日の近からん事に全力を傾倒する外はないのである」

この新庄大会のあと、石原は同志と盛岡に出た。

盛岡も雨だった。十四日、雨の中で、講演した。翌日、次の会場である一関に移動する。十六日、一関大会で、十八日は秋田市の大会で講演する。いずれも雨が降り続いて、石原は体調を崩した。十八日夜は、象潟に同志と一泊し、翌朝、奥羽線で、本庄、吹浦、酒田経由で鶴岡に戻った。

二十日から二十七日までは、関西、山陰、九州への講演日程が組まれ、同志たちとの打ち合わせが続いた。三上卓と親しい長崎生れの淵上辰雄も鶴岡にやってきて、九州地区での講演日程を打ち合わせする。

結局、九月三十日に鶴岡を出発し、新津経由で東京に出て、十月五日京都に向うことになる。石原は九月二十一日から、膀胱からの出血に苦しんでいた。東北大会の講演で疲れが出ていたのである。鶴岡を去る九月三十日は、出血が止らない状態だったが、彼は十一時五十分新津行きの列車に乗り込んだ。彼には、ＧＨＱに干渉される前に、やりとげねばならぬ論文があった。それは「新日本の建設」である。

第4章
新日本の建設

「困難はむしろ我らの楽しみ」

東京に向かう途中の九月三十日夜、石原莞爾は乗換え駅の新津の駅前旅館に一泊した。彼はその夜、執筆していた「新日本の建設」の脱稿に取りかかった。

石原は大阪の朝日新聞社から頼まれ、京都朝日会館で講演することになっていた。「速記がまちがっていては困るから」と講演の原稿を大急ぎで執筆し、要領を十四行罫紙十枚にまとめ、さらに四十五枚の最終稿に書き上げている。その最終稿を新津の旅館で書き上げた。

この原稿は主催者の朝日新聞が掲載させてほしいということで、石原は承諾し、講演も引き受けたが、どうしたことか、ついに掲載されなかった。一説ではGHQの圧力がかかったからとも言われたが、朝日新聞自体が編集権をめぐって騒然としていた。真相は今もって不明である。ちなみに、石原が戦後、初めて自筆で書いた「新日本の建設」を以下に引用する。

見出しは「道義の低下」「国民総懺悔」「新日本の建設」「東亜連盟の結成」「八紘一宇の道義的基礎」の五項目になっている。

書き出しを、石原は、

「空前の大汚辱をもたらした敗戦の重大原因が、戦力の格段の相違にあったことはもちろんであるが、国民の甚だしき堕落はさらに根本的原因をなすものである。その依って来るところを最も正確に検討吟味することが、新日本建設の基礎作業と言うべきである。ここにはそのうちで特に重要と思われる西洋文明の未消化・中毒と信仰の喪失について私の考えるところを述べてみたい」で始めた。

第一項の「道義の低下」の所で、「日本人は西洋文明の未消化、中毒症状だった」として一例を西洋教育の模倣が、知識人を甚だしく無気力にさせ、軍閥官僚の専制に屈従させられた」。また「国民の大部分は去勢され、面従腹背の徒と化し去るに至った時に、戦争に伴って急速に拡張された形式的官僚統制の不合理は、一億国民を駆って闇に突進させた」。

また「人間は五感によって科学し、直感によって信仰する。これは社会的に現れて政治と宗教となる。（中略）燕はあの小さな体でありながら直感力によって万里の波涛を往復し、間違いなく古巣に帰って来る。牛馬は毒草を喰わぬ。人間は更にすぐれた直感力によって霊界と交通していたのである。（中略）宗教から離れた日本人は、もはや独りを慎む儒教的教養もなく、他人の見ぬ所で何事もなし得る人間に堕落してしまった」。

「国民道義はほとんど東西古今に類例を見ざる頽廃を来し、第三期梅毒的症を呈している。一人の指導者も出さなかったのも偶然ではない。見よ支那事変によっても大東亜戦争に突入しても醒めなかった国民は、敗戦の今日もなお覚醒しようとしない。恐らく今後は更に道義の低下を来すであろう。しかし近くインフレの襲来が必至と思われるし、失業者の氾濫もまた免れ難く、その生活苦の裡に覚醒の時が来るものと信ずる。その日が新日本の誕生の時である」

ちなみに、この年の秋の失業者数は六百万人であった。

石原は、臨時議会で、戦前から議員の東郷実なる議員が軍人と官僚を攻撃したことに対し、「恥を知らぬも甚だしい。東条内閣が出した言論結社妨害の諸法令及び市町村制改正法律等に賛成したのは君たち代議士ではないか。即時辞職すべきであり、国民は彼等を絶対に再選すべきではない。（中略）財界人は戦時私得の全部を即時献上すべし」。

そして指導者を選んだ国民にも責任があり、国民総懺悔すべしと、次の如く結ぶ。

「懺悔は法律上の言葉ではなく、道徳、特に宗教的道義を持つものである。今日の法律は遺憾ながら道徳を完全に防護するが如きものではない。懺悔はあらゆる宗教の根本に触れる問題である。法によって責任者を処断することは当然であるが、懺悔は国民更生にとって更に根本的問題であり、今日全国民の敬虔に考うべきことである。国民総懺悔は新日本建設の源とならなければならぬ」

この他石原は、新日本の建設を具体化するため「都市の解体」。工業を農村に移した「農工一体」によって皆農主義、失業対策、国土の積極的な大建設を行うと、方針を述べている。

ここでは、しかし悲観せず、終戦からわずか一ヵ月半後の日本人に

「我国は今や機密も秘密もない。実に朗らかである。計画の全貌を公表し成果も常に発表して全国民をして積極的にその達成に邁進せしめるのである。幾多の大困難が前途に横たわっているであろうが、これを克服しつつ前進すれば、何時《いつ》になれば電話が引かれるか、何年には小型自動車が配給されるか等々、国民は常に明るい希望を見つめながら猛然と建設に奮進するであろう。困難はむしろ我らの楽しみである」と、実に前向きである。

敗戦を機に朝鮮民族の独立を

石原はこの論文で初めて「朝鮮の将来」について、一刻も早く朝鮮民族の独立を叫んでいる。日本の軍人、政治家の中で、朝鮮の将来を考え、そのために憲兵から睨まれ監視されたのは石原と彼の同志、東亜連盟会員たちだった。憲兵と特高は終始、石原の周辺や、出入りする者をリストアップしては尋問し、そして「赤」呼ばわりした。

憲兵と特高、とりわけ内務省の役人たちは、いつ石原が暴動に走り、クーデターを起こすか知れない、と地方の会員や朝鮮人の同志たちを監視したり、拷問しては責めたりしている。

山形警察の堀田課長の報告がそのことを物語っている。内務省の役人たちは「ことを起こすことはない」ことを知ると、ほっとして胸をなで下ろしている。全てはこれまで特高たちがデッチ上げしたデマが原因だった。実に無駄なエネルギーを使っていたのである。石原は「彼らこそ懺悔せよ」と戦後語っている。

戦後の石原は、中国及び中国の後見人になって実権をにぎろうとするアメリカと、共産化しようとするスターリンのソ連に、いずれ朝鮮半島は呑み込まれ、南北に分断され、自由と独立を奪われると予見している。京都の朝日会館では演壇の石原の左右には米軍のＭＰが立って後衛し、監視していたが、石原はそこで朝鮮の独立を次のように叫んでいる。

これは石原が初めて明らかにし、声を上げて叫んだ項目である。

「華、米、ソ三国後援の下に朝鮮民族が再び朋党的争いを起すのではないかと心配している朝鮮人も少くない。しかし私は四十年間苦労してきた朝鮮民族は、この際大同団結して速かに完全なる独立を獲得することを祈り、その成功を信じている。

ソ連の戦力は米英に比して恐らく数分の一に過ぎないであろうが、そのソ連が今日、政治的には逆に攻勢的態度に出て着々成功してきた。階級意識の強い欧州では主として社会主義の魅力により、アジアに於ては反帝国主義、弱小民族解放に対する憧憬がこの成功をもたらしたのである。最近のソ連の行動、殊に満州に関する言動等は、世界の指導者スターリンをロシアの英雄に暴落させたものではなかろうか。孫文はソ連革命を王道なりと讃嘆し、『露国の一億五千万人の如きは欧州世界主義の基礎であり、中国四億の人民は亜細亜世界主義の基礎である』と歓喜したが、帝国主義に逆転しては最早アジア諸民族の信頼をつなぐことは出来ない。（中略）」

「日本は朝鮮統治四十年を通じて、朝鮮人の民族意識を抹殺せんとする愚策を強行して来たが、今や朝鮮の指導を警察に一任し、警察は取締りの方便として協和会、厚生会等を組織させて、東亜連盟の民族主義尊重運動を敵視して来た。東条内閣は自信なきがために、宣戦の大詔渙発と同時に、多数の転向者と朝鮮人を留置した。自信ある戦争の場合は国事犯、思想犯は釈放されるのが当然である。我等の同志曺寧柱氏も開戦後間もなく京都警察に拘引され、ひどい拷問を受けた。この場合、『東亜連盟によって朝鮮独立の考えを刺激されたのだ』と言えば、直ぐに釈放してよい職業を世話しよう、と誘惑されたのであるが、信念堅き同氏は最後まで頑張り続けたのである。（中略）我等の朝鮮人同志は全力を尽して内地に在る朝鮮人の慰撫指導に奮迅中である。朝鮮人がこれを限りなき感謝をもって迎えてくれる有様は、涙なくして聞くことができぬ。近く内地に留る朝鮮人と日本の青年の間に美しい民族協和の実が挙がり、朝鮮人も勇躍して新日本の建設に大きな役割りを果してくれることは疑いもない」

東久邇宮内閣辞職と四大改革

京都朝日会館での講演の日の十月五日、石原がつくった東久邇宮内閣が辞職した。原因はマッカーサーからの威圧にある。内閣参与の片岡駿が見えて苦悩する宮の近況を詳しく伝えてくれていた。石原はＧＨＱの関与と圧力は、まさに勝者と敗者の力関係だと知る。気心を知っていただけに、東久邇宮内閣は長くはないと予見していた。しかし、石原と東久邇宮首相が優先事項としていた「言論の自由、結社・集会の自由、憲兵・特高の廃止」は九月末時点で決まり、東久邇宮首相は辞職前日に指令し、戦後処理の重点項目を予定どおり実行した。

京都で講演の前に新聞を読んだ石原は、表面（当時の新聞は紙不足で表と裏の二頁。朝刊のみだった）の記事を読み終えると、テーブルにそっと置いて、窓から外の庭を眺めた。

十月六日付の朝日新聞は「東久邇宮内閣総辞職、マ元師通牒に対処、適任の内閣を期待」の見出しで報道していた。新聞は総辞職の理由を、

「連合軍隊の本土進駐、陸海軍の復員等の終戦事務を円滑に遂行。その間、国内の治安を維持し、かつ民主主義日本の再建に必要な基本的諸施策についても検討、実行に移した。しかし皇室制度問題はこの内閣では実行できないこと、及びＧＨＱ司令部との間に相当の闘争を生じた事が挙げられる」と、辞職の理由に触れている。

この総辞職で審議が中断され、次の内閣に持ち込された重要案件があった。東久邇宮首相が直接記者会見でこう述べている。

「先ず議会制度の問題だが、選挙年齢を低下して選挙権を拡張し、衆議院議員選挙法を極度に

簡素化して選挙をやりやすくすること。

さらに貴族院については根本的にこれを改革すること。また婦人参政権については賛否両論があるが、自分としては婦人にも参政権を付与することが良いと思っている。

第二に行政機構の改革。これを抜本的に行い、各省の廃合、各部局の改廃を思い切って簡素能率化を実現したい。

第三点は官吏制度の刷新は満州事変以後に膨張した種々の制度を整理、人員を減少し、文官任用を改正して人材を自由に登用する途を開く。

第四点は戦後対策の問題である国民の衣・食・住。特に食糧問題。これに次いで住宅問題を解決すべく、種々対策を練っていたが、遂にこれを十分に行うことができなかった」

東久邇宮内閣は、わずか五十日間の、戦後処理内閣だった。当時の新聞は報道していないが、すでにこの頃から、連合軍司令部は、軍政を敷く方針で、内閣とは真向から対立していた。また「今後の後継内閣の組閣は、マッカーサーの承認を得ることになろう」と東久邇宮はＡＰ通信のブラインズ記者に語っている。ブラインズ記者の単独会見で東久邇宮は、「私の仕事は終った。しかし今回の総辞職は占領の一段階が終ったことを意味するものではない。誰が首相になろうとも私が今まで行ってきた自由確立の政策にそって努力することは断言できる」と語っている。辞意を固めたのは、ＧＨＱから明治憲法の廃棄を指摘されたゆえとも言われる。

石原は、予見したとおり、マッカーサーが軍政を敷き、今後はＧＨＱ意向で政治を行うだろうと判断した。京都講演が終わると、その足で次の会場である兵庫県の城崎郡豊岡へ移動した。九日には龍野へ。再び京都に戻り、日本海に沿って新津に出た。鶴岡には十月十四日に帰った。

気にしていた母親の鉦井《かねい》の病状は悪化していた。三十九度三分の高熱である。甥で医師の石原惟孝が診察したところ、母毒による炎症が原因と診断される。

戦後教育制度、皇居移転案を出す

石原の新日本の建設論は、次第に具体化され、同時に彼の論文もエスカレートして行く。例えば昭和二十一年暮から取り組んだ「新日本建設大綱」は九十六項目に及ぶ。都市解体、農工一体、簡素生活の他、政治形態、教育制度にも触れている。この中で、都市を解体し、皇居は景勝の地に移転し、都市の人口は各地区の食糧生産高によって配分する。

石原はここで、京浜では戦前の人口から約八五〇〇万人を移動させる。その場合、約四〇〇万人を関東地区に、四五〇〇万人を新潟及び東北地方に移す。関西では京阪神から約六〇〇万人を富山県以西に分散させ、新しい人口配置と地理的条件に基づいて工業立地の大綱を決定する。

農工一体を進めるため、国民はすべて農業に従事する。そのためには自給できる耕作面積を与え、畜産力と機械力を高度に利用する。機械化で新規開墾する。

「農工一体の新しい国土では優透なる労働力と運輸、通信、動力等の発展に即応して、工場・作業場の分散組織によって、最も健全で高い生産力の実現が可能になる。国民生活の能力は、これによって飛躍的に向上する。そうなることで、都市による農村支配、農業と工業の対立は終焉を迎え、小作問題も経済力向上の態勢下に初めて自然かつ根本的解決が期待できる」

急務の食糧対策・林野経営について石原は、

「国民皆農によって初めて全きを得る。今日の危機を救う唯一の大作は米作偏重の打破である。

生産力低き水田（約三分の二）を直ちに甘藷または馬鈴薯作に転換することにより、八千万の人口を養うことができ、同時に農業加工業を急速に展開できる。

日本の三分の二は林野である。家畜飼育の見地から、木材は薪炭、パルプ原料になる他、航空機、船舶、車輌、鉱山用材、ガソリン代用木炭等の需要を高め、無限の活動分野を感得せねばならない」

当時、終戦直後にもかかわらず、石原は「農村に、健康保険、家畜保険、収穫保険、火災保険制をとり入れ、農村生活の不安を除去して農村産業の発展的再生産を可能ならしめる」と、サラリーマン同様、農家にも保険制を適用させる構想を打ち出している。

農工一体の工業については「先ず着手すべき重点は通信、交通器材の生産である。我等は軍備の建設を放棄した。しかし平和的事業を妨害することは人道がこれを許さない。例えば軍艦、戦闘用飛行機は一艦一機たりとも製造させせぬが、船舶は多数造り出さねばならない。工場は分散経営する」

これまでの統制経済については「これまでは統制ではなく専制への後退であったために、国民の権力を甚だしく抑圧した。今後は、民間に委すべきものは委し、国家権力により運営するものと区別し、相互関係を適切ならしめることが、統制の第一歩である。重要産業の中央工場は国営となし、協力工場は周囲に適宜分散させる民間企業に委ねるべき」と、すでにこの時、「民間起用」説を打ち出している。

石原はこの頃になると、ＧＨＱの軍政下にあっても、日本の政治組織と教育の革新を唱えている。これはこれまでの石原の「新日本の建設」から、さらに大きく発展した戦後の国家造り案である。まず政治組織に触れ、

「天皇が日本民族社会の本然の中心であらせられる。天皇制打倒を叫ぶ共産党の理論の如きは極めて非科学的にある。政党の対立に超越し一視同仁を体現せられる天皇の御存在は、現実政治運営の上に絶大なる意議を在ずべきことを疑わない」と天皇制を強調する。

政治については「新合議制」を唱えた。

石原は先の東久邇宮内閣の戦後最初の臨時国会で、東郷実なる、戦前からの議員が、「日本をダメにしたのは軍部と官僚だ！」と糾弾したのをラジオで聞いていた。怒った石原は「悪いのは政治家だ。彼らを選んだ国民もアホだ！」とばかりに国民全員が総懺悔せよ、と叫んだ。

石原は二十一年暮れにまとめた「新日本建設大綱」の政治組織、「国民の政治力」の中でも、「今日の悲運を招いた根本原因の一つは、過去数年にわたる政治の不振である。自由主義政党が没落し、しかもこれに代わるべき統制主義政党の結成なく、政治が国民から全然遊離した軍閥、官僚の専制に後退する醜態を演じたところにすべての禍根が存在する。国民の政治的結成が急務である」との前提から、「平凡な多数の意見よりも、達識ある天才的人物の意見を尊重すべきである。国民は謙虚な態度をもって有能者の発見に努力し、有能者に対してはその分に応ずる指導的役割を演じさせる。この方式を、我等は新合議制と称する」と、多数決は責任の所存を不明確にし、合議制運用上欠陥があるから、有能者発掘と援助を提唱している。

教育制度については、「学閥は国民のすべてが分に応じて働く態勢にとって最大の障害であり、指導者が固定して社会の生成発展を妨げる最大の原因だった。先ず学閥を打倒しなければならない」と指摘している。

石原の着眼は次の三つである。

一、指導者の発見養成

二、教育と実生活の調和
三、職業の適切な配分

そして夢のある国民学校の学校制度を「満六歳をもって入学し、学習年限は八ヵ年、初等科は村を単位とし寺子屋の精神を取り入れて徹底した個性教育を行う。高等科は郡を単位として集団訓練に進み、かつ相当の生産教育を行う」としている。

したがって数えの七歳から十四歳までを国民学校、十五歳から十七歳までを国民高等学校、十八歳から二十歳までの三年間を、ある者は専門学校に、ある者は公役団とする。二十一歳から社会に出る。そのなかでは、研究院に進むもの、公役団に入るものと分れる。

専門学校とは今日の大学、専門学校に相当する。研究院は学問の追求、特殊専門科学の研究、成人の再教育機関のことで、石原は「研究院の指導者は当代第一流の碩学を網羅し、財力を惜しまず最高の研究設備を整え、世界最新、最高の研究業績を収め、幾多の天才を輩出せしめ、学問、技術に関して新日本建設の源泉たらしめねばならない」と研究院の充実を明示している。

ちなみに石原はこの論文作成の前に、京都大の湯川秀樹教授を訪ねて原子力、核分裂理論を聞いている。「最高の研究設備」の設置は、湯川がヒントであった。

最後に石原は「新しき東亜」に触れ、六ヵ条に亘って述べている。要約すると、

「日本人の民族優越感が東亜諸民族の信を失った最大原因が『中国に対しては、八月十五日の蒋介石の『暴に報ゆるに徳を以てせよ』の訓諭を忘れてはならない」「朝鮮については速かなる独立完成を念願する。誤れる統治方針によって民族的進歩を阻害した我等の態度を深刻に反省し、罪を今後の歩みに於て償わねばならない」「民族の解放を叫んで戦った南方諸民族に対しては、衷心よりその前途に幸多からんことを念願して已まない」

そして最後の条項で、こう結ぶ。

「二十世紀は一面に於て、国際協調への意欲を加速度的に発展させたとともに、他面、民族意識の世界的昂揚によって特徴づけられている。世界主義と民族主義との二つの背反する命題を最も聡明に統合し得たものこそ、来るべき世界文化の進展に真に輝かしい役割を果すものである。日本が再び国際場裡に立つ日は、堅く中華民国、朝鮮と結ばねばならない」

「新憲法を誇りに思う」そして「先ず生きろ」

論文「われらの世界観」は、石原が極東軍裁判前に各国の検事たちから入院先の病院で尋問を受けた後の七月八日に病院で書き始め、二十二年一月の大手術前に若い同志たちに、西山農場の自宅で講義したものである。石原は膀胱癌の大手術前で、死期を感じていた。にもかかわらず、寒い雪の夜七時から九時まで、石原は丹前を羽織った姿で講義した。

当時、酒田の旧制中学を卒業して間もない仲條立一は、のちに酒田法廷に出かける石原が乗ったリヤカーを引き、月見川を渡った一人である。石原の講議を受けた時は十八歳だった。彼はその夜のことを、「石原莞爾平和思想研究会」の会報誌にこう書いている。

「私と今は亡き小松健作君と共に、『われらの世界観』について石原先生に御講議を受けたのは昭和二十二年一月初旬頃で、二日にわたっての夜だった。(中略) 一晩目は私がメモを取るのに精一杯の語り口で、しかも要点を分りやすく明確に教示された。時間は夜七時から九時すぎぐらいだったと思う。何せ先生と直接対面してお教えを受けるという過分な幸せと緊張で、第一日目は無我夢中のうちに過ぎたといえる。

次の日は殊の外寒気厳しかった事を覚えているが、しかし先生は時間通り講議をお始めになり、三十分位話されましたら『一寸待って下さい』と仰せられたので、先生のお顔を拝見したところ、キット歯を食いしばり顔面に汗を滲ませじっと痛みを堪えられているご様子でした。奥様が『今日は冷えますし、ワクチン注射されたのですから』と心配そうに背中をすすっておられました。暫くの間ジッと耐えられた先生が『ああ、やっと出たよ』と言われて羽織られていた丹前の間から溲瓶《しびん》を出し振って見せられました。そこには細長い蛭の形をした血の塊が浮いており、その割竿程度の太さの血塊が狭い尿道を無理遣り出ると思うと、如何ばかりのお苦しみかと絶句しました。私等は先生の病の苦しみを目の当りにして、とてもお言葉に甘えてお話を伺う訳にはいかないと、二晩目はそれでも続けようとなされる先生を、奥様と共にお止めした悲痛な夜の思い出があると同時に、『マッカーサーが帰国後は、国民党は東亜連盟党として堂々政治に乗り出す』。また『原爆の出現こそ、戦争が戦争を否定する時代に突入した事を示唆する。世界に先駆けての戦争放棄の憲法を誇りとして、新文化を創造するのが、天から与えられた使命である』と強調されたお言葉が今でも忘れられずに心に響いてくる」。

この論文は、第一章「敗戦によって強制せられるもの」、第二章「新日本の進むべき道」、第三章「建設方針」、第四章「わが党の主張」、第五章「運動方針」で構成されている。

この中で石原は、「日本は生存の道を断たれんとする。四辺を見渡せば八千万の同胞は荒廃した四つの小島にひしめき合っている。耕地面積に対する人口密度は世界一であるのに、天然資源は甚だ貧弱。（中略）台湾、朝鮮は元の枝に帰って行った。南樺太はあっさりとソ連の領土に編入され、千島列島も濃霧の彼方に見えなくなった。かつてこの近海は日本人の生活に欠くことの出来ない大漁場でもあった。（中略）食糧不足、失業者の激増、インフレの深刻化は急速調である。しかし我等は何をさて置いても先ず生きなければならぬ」。

ここでも国民皆農、都市解体、農工一体、簡素生活を建設目標に立て、「一刻も早く都市なき新国土を建設することが、あらゆる建設の根本である」と、都市生活を捨てて農耕に従事すべしと述べる。

皇居と首都移転構想

石原は東京と皇居について具体的に触れている。終戦と同時に東京の人口は五百万人近くまで減った。石原は、東京の人口は百万まで減らし、学校も東京から地方に移すべきだと東京の街づくりを提案している。

なかでも斬新な発想は、皇居である。石原は次のように書いている。

「皇居は日本中で最もよい土地にお移り遊ばされるべきものと思う。その周囲には極度に簡素化した内閣各省と議事堂、その他必要最小限の官衙を置く。議事堂には議員のために、官衙には出張者のために、簡単で充分な宿泊設備を用意し、首都には旅館も料理屋も許さない。外国使臣は出来たら首都から相当離れた土地に住んでもらう。

皇居の周囲は極度に清浄簡素な政治中心地とし、経済行為とは厳重に分離して政治の腐敗堕落を防ぐのである」

これは石原が初めて明らかにした東京の街づくりである。

「都市解体は全てなくなるものではなく、反対に都市生活の良い点が全国に普遍し、その意味では全国が都市化する。これを可能にするには、我々の生活様式が百八十度転回しなければならない。自然と人為を完全に調和し、真に人類の生命を永遠ならしめる、科学と芸術が渾然融合した、剛健な簡素生活に入らなければならない」と語る。

石原は「新日本の建設」を実現するには、「政治力の結成」と、ここで初めて政治に触れている。これは戦後の選挙法改正後の第一回選挙結果を見てのことである。

昭和二十一年四月の戦後第一回の選挙では、鳩山一郎の自由党が一四一名、進歩党九四名、社会党九三名、協同党十四名、うち婦人議員が三九名という結果になった。石原が終戦直後、誰よりも早く選挙法の改正、婦人への参政権をうたい上げ、それが実現された結果、初の婦人議員が三九名も誕生した。

戦後第一回選挙を「政党でなくクラブだ」と批判する

ここで注目されるのは、全く新しい党名である。なかでも社会党の進出がある。社会党員のなかには、かつて石原の東亜連盟会員だった者もいた。石原は東亜連盟がその年の一月四日、右翼団体と共に超国家主義二十七団体のひとつにされてＧＨＱにより潰され、以後運動ができない結果になってからは、仮の名前を「国民党」として、また「酵素普及団体」として結束を固めたやさきである。会員のなかには、国民党として総選挙に出馬する者もいたが、石原は「そんなつまらない事より、運動を展開しよう」とストップをかけた例もある。

戦後の第一回総選挙では、日本共産党や社会党といった左翼の政治団体が急にのし上がってきた。ＧＨＱは、共産党を利用し、日本を弱体化させ、軍政を強化させる狙いがあった。石原はマッカーサーのやり方を見抜いていて、各政党を、初めて分析し、「敗戦後我先にと名乗りを挙げた政党は真におびただしい数に上がるが、政権を担当すべきはずの政党にしてこの根本的条件を具えたものは、今だに一つもない、という情けない有様である」と批判している。

まず保守党については、「国家再建の大眼目を忘れ、政権獲得のみに専念し、議員クラブ的存在にすぎない。彼らの言動は明らかに旧来の特権を維持しようとする以外に何ものもない」と判定を下している。

社会党については「政治的処女性を買われて第一党となり、辛じて三党連立内閣の組織まで漕ぎつけた。しかしその主張する社会主義なるものの内容は甚だ鮮明を欠く。党内の左派、右派の闘争に精力を消耗し、下部組織は貧弱。早くも国民より信頼感を失いつつある」。

共産党についてはもっと手きびしく、「現在の政党中最もはっきりした主張をもって、日常の政治的、経済的闘争も活発で、青年層の少なからざる階層の共鳴を買ってきたが、労働者の権利の伸長だけでは日本再建の基本となる生産力の大拡充はどうにもなるものではない。彼らは殆ど暴露デモ、スト戦術に終始している」と分析して、特別に「日本共産党の態度・前途」と題し「ＧＨＱ占領下での共産党のスローガンは実現せず、成功の見込みはない」と判定を下している。

なかでも、農地解放、天皇制打倒にいたっては、さすがに農政学者でもあり、戦時中から山形県鶴岡市で「百姓将軍」をしてきた石原にしてみると、「ソ連共産党のやり方にすぎない、農民を友軍とすることは絶望」と手きびしい。

また「天皇制打倒」にあっては「一般農民にとっては絶対許容し得ないものがある。日本人一般の国家的独立の要求や本能的愛国心と結びついているこの国民的感情を、単に反動的として簡単に片づけて徒に感情に走った言辞を弄する共産党の態度は、むしろ科学的という名に反する。即ち共産党は大部分の農民の本能的な反感を買っている。この点からも農民を同盟軍に引込むことはまず絶望である」と、事実に立脚しないスローガンを真向から批判している。

石原自身、戦前からマルクス・レーニン主義を研究してきた軍人であった。しかし彼は「共産主義は科学の前に敗れる」と、マルクス・レーニン主義を見抜いた。またスターリンがモスクワに地下鉄をつくり、都市集中形の国家を造ることについても、この「われらの世界観」の中で、批判している。

この論文は、昭和二十二年の衆議院議員選挙改正法公布（三月三十一日）にもとづき、四月二十日に行われた第二十五回衆議院議員総選挙後に加筆されている。この選挙で社会党は一四三議席をとり、第一党になった。

ちょうど石原莞爾が西山農場に移り、極東軍事裁判で、証人尋問会場を東京にするか、西山農場にするかで迷っていた頃である。

第5章

迫りくる戦犯容疑

十一月十四日、湯川秀樹と会談

昭和二十年の十一月に入ると、石原は九州への講演に出発した。一日には鶴岡で毎日新聞の女性記者のインタビューを受ける。石原が女性記者と会うのはこの時が最初である。

体調は相変わらず悪い。痛みと膀胱からの出血に苦しむ。七日の日記には「血大体止る」とある。それまではドス黒い癌特有の出血に苦しんでいる様子が想像できる。

鶴岡駅から京都に出発するのは、十一月十二日朝九時三十分である。この日はすでに寒く、石原は外套に身を包み、西山農場一帯の山林所有者で東京商科大出で理科学研究所勤務後に酒田へ戻り、東亜連盟運動に挺身した桐谷誠と同志の森国年男が同行した。

一行は東京には出ず、日本海に沿って金沢に出、そこから琵琶湖の西側、現在の湖西線で大津経由で京都に出た。京都では、同志の鷲崎を通じて京都大学の香坂教授、湯川秀樹教授と会うスケジュールを組んだ。十三日の午後二時、京都に着いた石原は、迎えの鷲崎の案内で京都大学の香坂教授に会う。この日、前日「杉山元自決」を知らされる。

翌十四日湯川秀樹博士に会い、広島、長崎に落とされた原子爆弾について、また今後の原子力開発について話を聞いている。習慣上、石原はメモはとらず耳で記憶している。

のちに彼は香坂、湯川両教授から聞いた感想をこう記している。

「原子力のエネルギーは僅かに一グラムの物質が破壊されて発生したに過ぎない。原子科学の世界的権威者湯川博士によれば、世界最大の地震は僅か十キログラムの物質の原子破壊のエネルギーで足るとのこと。（中略）原子力の精密使用、即ちエネルギーを欲する時に必要の量だけ出して無限生産に使用することにも、いずれ人類は成功するであろう。各国は原子力の精密使用も、全力を挙げて研究しているに違いないから、原子力を駆使した無限生産は意外に早く成功するものと思ってよいだろう」と、原子力の破壊力に感銘している。

その後石原は、昭和二十一年の時点で早くも「第二次産業革命は出現し、人類史は空前の転換を画することになる。即ち第二次産業革命は原子力を想うがままに活用することによって、人類は無限生産の夢を実現し、物質は空気や水の如く充足して、人類は自ら足ることを知り、従って領土や資源の侵略を全く必要としなくなり、戦争がこの地上から消え去ってしまう。かくして人類が永い永い間あこがれ求めて来た恒久平和が、やがて訪れてくるだろう」と予言している。

湯川秀樹から原子力エネルギーの話を聞いた翌日、買い出しや失業者、孤児で大混雑する京都駅から、ようやく福岡行きの列車に乗り込むことができた。

この京都駅で、石原は不覚にも財布を落としてしまった。混雑のさなか、ついに見つからず、やむなく同行している二人に助けられる。博多には十五日、木曜の午後三時半に着く。三人はまず上野旅館に着く。夜は西日本新聞社に招待されて夕食を共にし、翌十六日の午前十時三十分から、西日本新聞社の本社での座談会に出席した。この日は九州大学の波多野教授と酵素についての座談会である。詳細な内容は掲載されていないが、白い布カバーの応接椅子に腰を下ろしている石原の写真と三段構成の記事が載っている。

石原の一行は座談会が終わると佐賀へ発った。十七日佐賀県の北地区大会に出席、十八日は佐賀知識人会合に出席、翌十九日には列車で大村に出た。

疲れから、石原は前日より下痢に苦しんでいる。排尿も困難で苦しむ。日記には「三時(夜)スギヨリ、ヤットネル」とある。

大村からは、列車で長崎に出た。原爆被害の跡を見学し、あらためて原子力の破壊力を思い知らされる。湯川博士から予備知識を得ていた石原は、皮肉にも「人類は資源や領土の侵略を必要としなくなる」と思った。

長崎から諫早経由で島原半島の西海岸にある小浜温泉で一泊し、休養した。そのあと雲仙を越えて島原に出、連絡船で熊本県の三角港に渡る。そこから、牛車で、かつて西南戦争の西郷軍の司令部があった川尻を見学した。背後が川の寺町である。

この川尻で一泊すると、熊本から内牧に出る。ここで東亜連盟の大会があり、二泊した。浅原健三は東条暗殺未遂後、逃亡先の中国から実家の九州に帰っていて、旅館に石原を訪ねてきた。また、柔道七段で、東条暗殺を図った牛島辰雄も、大分の実家に戻っていて、三人は合流する。石原にとって、浅原との再会は四年ぶりのことだった。

このあと石原の一行は別府に出て、温泉で休養した。日豊本線も客車はなく、門司駅へ出るには貨物車に乗り込んでいる。門司で一泊したあと下関に出た。そこで大阪行きの急行の切符が買えた一行は、途中被爆した広島市街を列車の窓から眺め、合掌する。三十日に混雑する大阪駅に出て、そこから北陸線金沢経由で帰る。しかし列車が大幅に遅れたため、柏崎駅前の旅館で一泊した。一行は、翌朝の列車で鶴岡に出た。

石原が、本庄繁の自殺を知るのは十二月一日、車中である。新聞を見て、思わず息を呑んだ。

十二月に入ると庄内地方は雪が降り、十五日は猛烈な吹雪に変った。石原は妻の銻子から、藪式治療を受け、膀胱癌の痛みから、いくらか解放された。

マッカーサーへの十項目の抗議文

極東通のジャーナリストで、『シカゴ・サン』の特派員記者マーク・ゲインが新庄経由で酒田入りしたのは、昭和二十年十二月二十五日である。日本一の大地主本間家を取材するためだった。酒田には二十八日までいたが、彼はそこで、元巡査の一人から、石原莞爾のことを聞かされ、聴きとり取材に出た。その時の感想をこう書いている。

「この名前はまるで電鈴のように私の耳に鳴り響いた。十二、三年前私が中国にいたとき初めてイシハラという名前をきいた。彼は当時日本陸軍参謀本部の寵児だった。彼は満州に勤務し、アジア征服の計画を樹てた。狂信的な青年将校派と結び、東亜連盟を統率した。その狂暴な対外強硬主義は天皇の二人の弟を引き入れ、すくなくとも二度は東条の暗殺を企てたが、いずれも失敗に終った」

石原が鶴岡にいることを知らぬマーク・ゲインは、石原を知る人物を追って二十八日ハスカ大佐の車で秋田へ出かけ、三十日迄滞在している。鶴岡に行けば世紀のスクープができただろうに、好機を失った。

石原家では、母・鉦井の中風の病状が悪化し、大晦日には危篤状態になった。外は大雪だった。甥で医者の石原尚が病床の母を診てくれるが、石原には、母の命は長くなく、年を越せるかどうか心配だった。

明けて一月二日、六年前から脳出血から中風を患っていた母鉦井が永眠した。八十五歳だった。莞爾自身の病状も悪化し、闘病生活の状態になる。

母の告別式は一月五日に行われ、正午に石原家を出棺した。その前日、ＧＨＱは東亜連盟同志会（昭和十六年一月東条英機陸相兼首相によりアカの組織だと解散を命令されるが、阿南次官の図らいで同志会に改名して存続）を含む軍国主義的・超国家主義団体二十七団体の解散と軍国主義的指導者の公職からの追放を指令した。東亜連盟は黒龍会や大政翼賛会と同一扱いされ、石原は憤慨した。もっとも、石原はマッカーサーは東亜連盟潰しに出るだろうと予測していて、同志たちに対策を説明している。

母の初七日の法要が終わると、杵淵医師に頼んでカテーテルで尿道を治療してもらい、そのあと、長姉の二男で医師の石原尚が自らの血を、叔父莞爾に輸血した。この輸血で元気を取り戻した石原は、庄内の同志と図り、マッカーサー司令官に抗議文を出すことにして草案を書き上げ、同志が英訳し、送稿した。

抗議文は十項目に亘っている。以下はその全文で、「東亜連盟運動総括」となっている（参議院議員武田邦太郎「東亜連盟誌復刻に寄せて」より）。

一、東亜連盟ハ満州建国ニ端ヲ発セリ、若シ建国前後ニ於ケル我等ガ心境ノ開陳ヲ許サルルナラバ次ノ如シ。

1、満州事変前満州ニ於ケル日支ノ紛争ハ日ニ切迫シ日本ガ政治的軍事的ニ全面的退却ヲナス以外解決ノ道ナシト判断セラレタリ。日本ノ退却後蘇聯ノ南下ニ対シ支那ガ独力防衛ノ力ナキハ明白ニシテ、日本ノ退却ハ更ニ新シキ東亜ノ不安ヲ招来セン。

2、満州事変ヲ契機トシテ、実力ヲ以テ満州ヲ支那ヨリ分離スル行動ハ重大ナル暴挙ナルハ明ナルモ、反面コレヨリ前頃ノ不安ヲ一掃スルト共ニ、満州国ノ建設ニ際シ日本ガ深キ反省ノ下ニ本来ノ態度ヲ一変シ

（1）満州ニ於ケル既得ノアラユル権益ヲ満州国ニ譲与シ、

（2）各民族ハ満州国ニ於テ全ク平等ノ待遇ヲ受ケ民族協和ノ実ヲ挙ゲルニ於テハ却テ遠カラズ支那ノ理解ヲ得テ、多年ニ亘ルオ互ノ不信ヲ一掃シ得ベキヲ信ゼリ。

3、民族協和ノ理想ハ在満支那人中ニモ強キ共鳴ヲ以テ迎ヘタル人多カリシモ、彼等ハ日支両国ノ和解ナクシテハ安ジテ建国ニ協力シ難シトセルハ当然ナリ。依テ日鮮支各民族ノ同志ガ研究協議ノ結果、民族協和ノ理解ヲ押シ進メテ道義ニヨル東亜連盟ヲ結成スベシトノ結論ニ達セリ、即チ日本ハ治外法権ノ撤廃、租界ノ返還等ハ勿論、支那ヨリ完全ニ撤兵シ支那ノ完全ナル独立ニ協力セントスルモノナリ。東亜連盟ノ思想ハ満州国協和会ニ採用セラレ、昭和八年三月正式ニ声明セラレタリ。

二、満州事変勃発後一年ナラズシテ、関東軍ノ責任者ハ全部転出セシメラレ、満州国ハ右方針トハ全ク反対ノ日本独占ノ方向ニ急変シ、以後建国同志ノ努力ニ依リ、時ニ改善ノ希望ヲ与ヘタルコトアリシモ遂ニ大勢ヲ挽回スル能ハズシテ、今次大戦ノ導火線トナレリ。我等ハ全世界ニ向ヒ自己ノ不明ヲ陳謝シ、謹デ全責任ヲ負ハント欲スルモノナリ。

三、満州国内情勢ノ変化ニヨリ、協和会ハ積極的ニ東亜連盟ノ運動ヲ展開スル能ハザリシモ、協和会東京事務所ハ日本内地ニ東亜連盟ノ宣伝ニ努力シ、特ニ支那事変勃発後ハ全力ヲ之

ニ傾注セリ。

此運動ガ漸ク世人ノ注目ヲ引クニ至ルヤ、昭和十三年十二月、憲兵ハ不当ニモ満州国大使館内ニアリシ協和会事務所ヲ臨検シ所員ノ大部ヲ拘引半ヶ年ニ亘リ留置セリ。
四、カクテ日本国内地ニ於ケル協和会ノ東亜連盟運動ガ全ク停屯セル結果、昭和十四年秋、東亜連盟協会誕生シ、東亜連盟ノ方針ニ基キ支那事変ノ全面的解決ヲ計ルベキヲ主張セリ。協会ノ創立者ハ代議士木村武雄ナリ。
五、支那事変解決ノ遅延ニ伴ヒ、国民ノ東亜連盟ニ対スル関心高マリ、昭和十五年末ニハ相当多数ノ代議士ガ連盟指導ノ下ニ支那現地視察ヲ行ハントスルヤ東條陸相ハ甚シク狼狽シテ之ヲ妨害シ、遂ニ昭和十六年一月十四日閣議声明ニヨリ、暗々裡ニ東亜連盟解散ノ意ヲ示セリ。
六、東亜連盟ハ右ノ圧迫ニ屈セリシカ、政府ハ進テ解散ヲ命ズル勇気ナリ、遂ニ興亜同盟ナル官製団体ヲ設立シ、東亜連盟協会ヲソノ中ニ吸収セント試ミタリ。東亜連盟ハ其試ミニモ屈セザリシカ遂ニ名称ヲ東亜連盟同志会ト改メ、之ニ先ダチテ責任者ハ木村武雄ニ代リ和田勁ガ就任セリ。
七、昭和十六年三月予備ニ入リシ石原ハ、会員ノ要請ヲ斥クハ能ハズ、遂ニ同志会顧問ヲ受諾シ要求ニ応ジテ各地ノ講演会、講習会等ニ出講シ、其所信ヲ述ベタリ。
八、同志会ハ会外ヨリ全ク資金的援助ヲ仰ガザル団体ナルタメ、本部ノ組織ハ貧弱ニシテ指導原理ノ発表以外ニ運動ヲ統制スル能力ナク、運動ハ指導原理ニ基キ各支部ノ自主的活動ニ委セリ。
支部内ノ統制ハ中堅会員ノ会議ニヨリ、未ダ支部長ナキ支部多数ヲ占メタリ、本部ノ運動方針ハ各支部代表者ノ会議ニヨリテ決定シ、会長ヲ得ルニ至ラザリキ。顧問ハ会ノ運営ニツイテ進デ干与スル職務ニアラズ。
九、政府特ニ軍ノ圧迫強化スルニ従ヒ、東亜連盟同志会ハ益々国民大衆ニ日支和解ノ大道ヲ宣伝スルノ要ヲ痛感シテ、逐次運動ハ農村方面ニ展開シツツアリシガ、昭和十七年酵素ニヨル肥料生産及食品加工ノ技術ヲトリ入ルルニ及ビ、会員数増加ノ傾向漸ク目醒シキモノアルニ至レル。酵素ノ培養ハ未ダ科学的ニアラズ、直感ニヨラザルヲ得ザル結果、技術ハ慎重ナル訓練ト十分ナル監督ヲ必要トシ、普及ニ相当ノ困難アルモ優秀ナル技術者ノ養成ハ厳格ナル酵素元種ノ管理ニヨリ、昭和十九年頃ヨリ顕著ナル効果ヲ収メ、会員数ハ急速ニ増加セリ。
十、敗戦後、失心状態ニ陥レル国民ヲ激励シ増産ニ全力ヲ注ギツツアリシ際、昭和二十一年一月四日、解散命令ヲ発セラル。会員ハ其理由ヲ理解スル能ハズ。政府ニ質問セルモ要領ヲ得ズ。止ムナク直接占領軍ノ司令部ニ陳情セルモ、解散理由、指示ヲ受クル能ハズ」
この文を英語化し、直接ＧＨＱに届けた。

膀胱腫瘍でついに東大病院に入院

尿閉による苦しみは連日続き、出血が続いた。二十一年一月十九日、甥の石原尚を通じて山形県大石田町に疎開中の膀胱腫瘍の権威者北川正淳教授に鶴岡まで往診にきてもらう。

北川正淳教授は、明治四十五年に東京帝国大学医学科を卒業後、のちに慶応大学医学部泌尿器科の教授となる。しかし昭和二十年五月の空襲で、医学部は施設の大半を失った。北川の授業は山形県大石田町に移していた。

北川は膀胱腫瘍の電気凝固療法を日本で紹介し患者に実施したことで第一人者として知られる。しかし癌ウイルス説をとる蓮見喜一郎教授とは意見が違った。石原は蓮見教授の執刀で手術してもらいたかったが断わられ、北川教授の紹介で、一月二十六日、東大病院に入院することにする。

一月二十五日は雪が降った。石原は甥の尚、桐谷誠を伴い、妻の銻子や同志たちに見送られ、午後三時三十六分鶴岡駅発新庄駅経由の荷物車に乗り込んだ。客車はなく、新庄から上野駅行きの夜行列車に乗りかえる。熱が出て寒く、体に震えがくる。

上野駅には翌朝八時半に着く。石原が予想したように、爆撃されて屋根のない上野駅は、リュックを背負い買い出しに出かける人で大混雑していた。圧殺されて子供が死んだ話をラジオニュースで聞いていた石原は、都市解体すれば十年で日本は復興する自信をますます深くした。

大八車で東大病院泌尿器科に入院すると、午後、膀胱鏡での検査に入った。そのあと森国の血を採り石原に輸血した。熱を測ると三十九度の高熱。尿の出は悪い。翌日は三十九度五分まで上がり、意識を失いそうになる。

入院から二日後の二十八日は月曜日である。この日の午後一時、腰椎に麻酔薬が注射され、一時間半ほど尿道を焼く。しかしこのあと尿が止って出なく、苦しむ。

東大での手術は失敗だった。何度も尿道が詰まり尿が出ず、そのつど溶血剤を使って利尿効果を出すありさまで、相変わらず高熱に苦しむ。熱を下げるため解熱剤を呑まされる。

一月三十日の日記には「水野孝氏、ガラス尿器ヲ持来ル、夜半ネラトンノ周囲ヨリ排尿、ネラトンヲトル、苦痛甚シク三時半再ビサシコム、粘液多量ノタメナリ」とある。

翌三十一日の日記には「ツマリイヨイヨ甚シク、閉ロス。午後三時頃、処置ナク。ネラトンヲ抜キシニ快通」

二月一日「昨夜発汗、ハゲシク頭痛、今日依然、但排尿モ依然可」

二月二日「高橋先生、回診」

高橋明は、それから三年後に日本医師会会長になる。当時は泌尿器科の部長だった。

二月五日は手術の予定だったが、石原の貧血のため、手術は延期となった。

結局、東大病院に入院はしたものの、石原はモルモット扱いにされ、手術も延期のまま放置される。

見舞いにきた同志たちが相談した結果、このままでは石原の身が危ないと判断して、水野孝とも相談して退院させることに決めた。

水野孝は目黒駅前で開業している水野外科の院長である。翌二月十四日は手術予定日だった。水野は、東大病院にきて担当医と話した結果、十五日に石原を退院させ、水野外科に引きとることにした。

約二十日間の入院中、石原はかえって体調を崩した。同志の間では
「何が東大病院だ！　先生をモルモット扱いしやがって！」と怒る者もいた。

入院中、いろいろな人が見舞いにくる。まず千葉にいた山口重次が駆けつける。宇野千津、朝鮮独立運動家の朴烈、曺寧柱、崔南善、それに渕上辰雄が見舞う。朴烈はのちに、在日朝鮮居留民団の初代団長になる。朴が朝鮮に戻ると、二代目の団長には曺寧柱がなった。崔も含めて、何度も特高に拷問を受けている。

高松からは、関東軍時代の大佐で、昭和十三年関東軍の東条参謀長と大ゲンカした田中久が

駆けつけた。のちに十四年に田中は永興湾要塞司令官にとばされる。石原も舞鶴の要塞司令官にとばされ、互いに閑職の身となる。が石原は舞鶴で、京都大生の曺寧柱と知り合うという幸運に恵れた。これぞ神意である、と石原は思った。

その他、満州建国大学の教授で東亜連盟同志の和田勁、朝日新聞記者で東久爾宮の秘書官になる太田照彦、田村真作、東亜連盟代表の木村武雄、鎌形浅吉最上支部長、外山卯三郎、金藤章、それに蓮見博士も見舞った。

悲しい知らせも入る。

それは二月十日のことである。GHQはついに東亜連盟に運動禁止令を出したのである。石原はすでに先手を打っていた。それは東亜連盟の解散後は、本部を新庄に移し、鎌形浅吉を中心に再出発するというものである。

東大病院に入院したいきさつ及び拠置について、のちに蓮見喜一郎博士は『癌と斗う』の中でこう語っている。

「私の所へ入院させろ、と言ってきたんですよ。私はダメだと断りました。そうしたら東大の泌尿科へ入ったんです。その時の部長が高橋明といって、それから二、三年して日本医師会会長になったのですがね。そこへ石原さんが入ったら、二、三日して高熱が出たのに、放っておいて、『これはうちの科の病気じゃないからどうしようもない』と言うので、内科から医者を呼んで診てもらい、解熱剤で下げたということで、石原さんが怒っちゃってね…（後略）」

蓮見博士が東大病院にいる石原を見舞ったのは二月十一日である。多分蓮見は石原から、それまでの経過を聞いたのだろう。直接高橋明部長に会って様子を聞いたふうではない。

蓮見、水野に代わって、同志の小野元士が逓信病院とかけあって入院が決まった。入院は二月二十七日午前十時との知らせに、ほっとする。

その間、小泉菊枝はたびたびＧＨＱの本部を訪れ、東亜連盟解散に対して抗議している。このときの行動で、のちに女性では市川房枝と小泉菊枝の二人は、Ｃ項該当者となり、公職を追放された。

飯田橋の逓信病院に移る

東京・飯田橋にある逓信病院は、現在の東京逓信病院だが、ここも戦災に会い、ガラス窓は割れたままになっていた。割れめに紙を貼って防風したが、堀の方から風が吹くとピューピューと鳴き、雪も吹き込んでくる。特に石原の部屋は北側にあり雪がベッドに吹き込んだ。

石原は東京にきてひと月めに、目黒駅前の水野病院から雨戸板に乗せられ、午前十一時飯田橋に着いた。ほっとしたのか、本人はその夜の日記に、

「十一時頃、寝台車ニテ逓信病院ニ。林田、西先生訪問サレシモ入院後ナリシタメ御会ヒ出来カヌ。克枝、弟サン」とある。

小野克枝は真山（小野）文子の姉で、父小野誠淳は医者で、石原の晩年を、親子で面倒を見る。克枝はカリエスにかかっていて、治療のため福島県の棚倉から東京にきていた。兄の誠信と二人で、石原を見舞っている。この克枝が、酒田軍事法廷で石原の傍にいる看護婦である。

逓信病院に入院した時も三十八度近い熱に苦しむ。三月一日は薬を貰って呑むが、解熱剤であろう。その後、熱は一時的におさまり、二日、検査に入った。三月四日は手術のため膀胱洗滌が始まる。洗滌は熱湯を使うため痛む。五日も洗滌した。第一回の手術は翌六日の午後二時

に始った。尿道口を断ち割る手術で、石原は貧血状態になり、気を失いかける。

東京は三月三日と十日に雪が降った。

三月二日、陸軍大学の教え子で関東軍参謀だった片倉衷が病気見舞いにきた。片倉は宮城県の生れで、昭和三年十二月に陸軍大学校を卒業後、歩兵第二十七連隊の中隊長になった。昭和五年八月関東軍の幕僚付となり、満州事変直後の十月に参謀になる。その後は七年八月に久留米の第十二師団参謀長、八年八月に参謀本部に呼ばれて上京、本部部員、翌九年は軍務局付から軍務課員として、主に満州を担当。再び十二年三月、関東軍参謀になった。

終戦時は第二〇二師団長になるが、石原とは昭和十二年、十三年の関東軍副長のとき、協和会をめぐって意見対立している。東条参謀長、富永恭次第二課長と相談した結果、片倉は第四課長として、満州国の内面指導に当り、石原は彼らを見切った。

山口重次、小沢開作など民間人による協和会を中心に満州国を指導し、日系軍人と官僚を排除して民族協和国家、アメリカのカリフォルニア州の如き協和国に戻そうとした石原の努力は、東条のあとの磯谷参謀長にも反対され、孤立無援となる。石原は辞表を出して新京から満鉄で羅新に出て、そのまま新潟港に出て、鶴岡に帰った。

その時以来、石原は片倉とは会っていなかった。だが今回は、戦犯容疑となった板垣征四郎の弁護のため、証人を買って出ていて、入院先の石原にも協力を求めている。石原は、「九死に一生の状態で新聞にも眼を通していない。戦犯問題はどうなっとるか。板垣さんでなくて、オレを戦犯にしないのはおかしい」といって、片倉から情報を聞いた。

連合軍が東条英機ら三十九人に戦犯容疑者逮捕命令を出したのは、昭和二十年九月十一日である。日本の新聞には十三日付に掲載された。この中にはビルマ人、タイ人、フィリピン人、オランダ人、そしてアメリカ人も含まれていた。

同じ十一日、東条英機が用賀の自宅で自殺未遂した。翌十二日には杉山元が牛込の総軍司令部で自決した。この知らせを受けた啓子夫人が純白の死に装束をつけ、仏前に端座して短刀で心臓を突いて自害した。

戦犯の嵐はさらに吹きまくり、九月十四午後、賀屋興宣（元蔵相）、岩村通世（元法相）、井野碩哉（元農相）、鈴木貞一（元企画院総裁）、村田省蔵（元フィリピン駐日大使）が、十五日には橋本欣五郎（陸軍中将）、上田良武（海軍中将）らが、同日午後には本間雅晴（陸軍中将）、黒田重徳中将、十六日には寺島健（海軍中将）、十七日は元商工相の岸信介、二十三日には土肥原賢二など、続々と米軍第八軍憲兵・司令部に出頭した。

横浜刑務所に拘禁されていた嶋田繁太郎ら二十一名は、十月五日、大森収容所に移送された。二日後の七日深夜、自決未遂の東条英機も、横浜刑務所から大森収容所に拘禁された。

国際検事団首席検事に任命されたアメリカのジョセフ・B・キーナン検事が、検事その他三十八名のスタッフを引き連れて厚木飛行場に着いたのは十一月六日である。東久邇宮内閣が辞職した翌月だった。一行は間もなく東京に乗り込み、皇居前の明治生命ビルに入った。ここを国際検事局の本拠にした。

キーナンはアメリカ検事総長補という要職にあったほどで、いかに日本の戦犯を見つけ出すか、その気構えが窺える。キーナンは初めは帝国ホテルに寝泊りしたが、その後は音羽町の三井高陽男爵邸に移った。ちょうど講談社ビル裏手の高台にある。一説では講談社ビルをGHQ本部にする予定だった。そのため、音羽一帯は空爆しなかったとも言われる。

キーナンの一行が東京入りするや、さらに戦犯容疑者が追加された。彼は「戦争犯罪人の追求は昭和十二年まで遡る」と記者団に公言し、十一月十九日、あらたに十一人を追加して巣鴨刑務所に拘禁するよう、マッカーサーにリストを提出した。

その十一名とは、荒木貞夫（元陸相・文相大臣）、本庄繁（陸軍大将、元関東官軍司令官、枢密顧問官）、鹿子木員信（前言論報国会理事長）、小磯国昭（前首相）、久原房之助（前政友会総長）、葛生《くずお》能久（前黒龍会主幹）、松岡洋右（前外相）、松井石根（元中支那方面軍司令官）、真崎甚三郎（陸軍大将）、南次郎（満州事変当時の陸軍大臣）、白鳥敏夫（前駐イタリア大使）である。

さらにマッカーサーは十二月二日、各界知名の五十九人にも逮捕令を出した。皇族の梨本宮、政府関係では平沼騏一郎、元外相・首相の広田弘毅、海軍大将の高橋三吉、中国での民間諜報活動家の児玉誉士夫、三菱重工社長の郷古潔らである。さらに三日後の十二月五日、近衛文麿、木戸幸一内大臣、理化学研究所長の大河内正敏、前国務相の緒方竹虎、元内相の大達茂雄、元鉄道相の伍堂卓雄、スペイン公使の須磨弥吉郎ら九名。

年が明けた一月、各国から検事団が送り込まれた。国際検事局は市ヶ谷台の旧陸軍省、極東軍事裁判所に移った。ただアメリカ検事団だけは、GHQ本部に近い明治生命ビルに残った。

三月下旬になると、元軍令部総長の永野修身、元海軍省長岡事務局長、元陸軍省軍務局長の武藤章中将らに逮捕状が出た。石原莞爾の名が上がったのは、石原が逓信病院に入院中の三月二十八日の第十二回会議の席で、永野や武藤らと同じ時にリストアップされた。指名したのは中国側の向哲濬《こうてつじゅん》検事だった。

立教大学教授で、栗屋輝太郎海軍中佐（二〇年六月フィリピンで戦死）の長男、栗屋憲太郎氏の「東京裁判の被告はこうして選ばれた」（『中央公論』昭和五十九年二月号）によると、石原莞爾がリストに上がったが、間違って石原産業の石原広一郎のことが報告され、チンプンカンプンな内容で、十二回会議では、石原の戦犯決定は調査不足が理由で見送られ、次回十三回会議まで待つことになる。

　だが、この時も資料不充分で、十四回会議まで延期された。ただし、石原、土肥原賢二も含めた二十九名のリストに上がった。ところがキーナン首席検事が、イギリスのA・S・コミンズ・カー検事に、真崎、土肥原、石原、田村浩（俘虜情報局長）の四名を除外し、リストは二十五名に減らすように求めた。しかし、執行委員会は、証拠不十分として真崎、石原の二人を除いた。今後証拠を揃えた段階で再検討することになる。

　アメリカ軍のウイリアム・T・ホナディ中佐が、逓信病院に入院中の石原を訪ねて尋問したのは、第十二回の執行委員会前の三月十二日、火曜日である。通訳を入れての尋問だったが、少なくとも、この時の尋問調査は、委員会に報告されていた、と見るべきだろう。

　アメリカ軍の取調べは、それから三十九日後の四月二十日である。この時はアメリカの記者が同行している。

法務官ホナディ中佐、石原を尋問

　陸軍省法務官のホナディ中佐は、田中隆吉元陸軍省兵務局長（少将）の尋問官の一人である。田中尋問は、昭和二十一年二月十八日の非公式尋問から始まり、翌二十二年五月六日まで三十一回に亘った。尋問場所はアメリカ検事団の拠点、明治生命ビルの七三五号室。尋問官はヘッドがギルバート・S・ウールワース大佐で、その下にホナディ中佐、ジョン・F・ハメル少佐、ヒュー・B・ヘルム、エルトン・ハイダーの五名。通訳はセイジ・タミナガ、リシチ・オ

石原、戦犯二十九名の一人に入る

このファイルから石原について明らかになった報告がある。栗屋教授の、ワシントン二週間滞在中の調査で明らかになったものである。以下『中央公論』七月号からそのまま引用する。

「さらに三月十三日に係官がファイルを照会した時は、本人は逓信病院に入院中で、退院したらただちに尋問するとされていたが、現在も尋問なしのままである、と指摘している。

石原についてのイギリスの法務官ハーディンの報告は、石原は東亜連盟の頭目であり、満州併合の陰謀を企てた青年将校の一人とみられており、日本の侵略計画に多大の影響を与えたといわれるとしている。

報告は情報不足を補うかのように、石原の戦犯訴追を求めた一九四五年十月八日付の『民衆の声』と書かれた匿名のマッカーサー宛の投書を引用している。この投書は、石原は桜会と深い関係をもち、関東軍にいたが、日中戦争中、上海に転戦した後、一時帰国し、一九四一年十一月フィリピンに渡り、バターンでの作戦を指揮し、後ルソンやレイテにも転戦したと、事実に相違する石原の経歴を述べているのである」

田中隆吉尋問に戻るが、三月二十二日の第十四回尋問は、それまで担当していたハメイル少佐にかわってアーサー・A・サンダスキー大尉が尋問した。サンダスキーはここで南洋鉱石でひとヤマあてた石原産業の石原広一郎社長と満州開発に触れている。

石原広一郎は大川周明のスポンサーで、また橋本欣五郎とも関係していた。のちに、石原莞爾関係のファイルが、石原広一郎のデーターとスリップしたことで、石原莞爾訴追が次回に見送られたという、笑い話がある。

しかし石原莞爾は、前述の、四月五日の執行委員会で、平沼、広田、松井、真崎ら十七名を被告追加のあとで、リストに加えられた。このとき、合計二十九名の戦犯容疑者の一人になる。

この日の会議で、土肥原と石原、畑、松井については証拠不足との発言が出て、真崎と田村を入れて、土肥原と石原は、補佐検察官会議で被告の最終決定をする前に証拠を出し、再検討するということになった。

四月八日の参与検事会議で、キーナンは裁判所憲章にもとづき、ソ連とインドの検事は未到着だった。全検事による多数決で議決したいと述べた。その結果、二十九名のうち真崎と田村、石原の三名が除外され、二十六名となった。

田村浩の場合はBC級で裁かれるべきだ、との勧告がつけられ、総司令部のカーペンター法務局長に引き渡された。

石原については、参与検事会議の席上、フィリピンのロペス検事が「この人物はフィリピンに戻され、アメリカの軍事法廷で裁かれるべきである」と訳の分らぬことを言っている。

こうして最終的に被告は二十六名となったかに思えたが、四月十三日、東京裁判には無関係なはずの宣戦布告国ソ連の判事と検事及びスタッフが日本に到着し、横ヤリを入れた。

四月十七日の参与検事会議に、ゴルンスキー検事が、梅津美治郎、重光葵前外相、鮎川義介（満州重工業総裁）、藤原銀次郎（王子製紙会長）、元陸軍次官の富永恭次を被告に追加、提案した。

その結果、重光は六対四で、梅津も五対三で被告編入となった。

第6章

極重軍事裁判　石原が斬る

米検事「お前は石原か」に怒る

四月十七日、東京は朝から雨が降った。

入院先の三階病室の石原の所には、GHQの法務官や検事や弁護士、証人依頼や旧軍人たちが訪ねてくるようになる。陸士の同期生横山臣平中将や、東亜連盟会員で、皇居でのクーデータを止めた吉住菊治少佐、ロシア通の堀場一雄中佐、陸士同期の菅原道大中将、多田駿大将の三男、田中隆吉少将も見舞いにくる。多田駿の三男と神崎正義は、板垣征四郎の弁護のために挨拶に見える。証人依頼の話が出たのだろう。

満州開拓団創始者の加藤完治の遣いで蚍川文夫が見舞いにきた。

しかし治療の方はあまりうまく行かず、三十八度近い熱が続いた。薮式電器械を使ったり、尿道を焼く器械がこわれて、治療が延期となったりして、治療は全くままにならず、苦しむ。

四月十八日、片倉衷が見えた。供述書の打ち合わせと、板垣の弁護証人の話が出る。かつて東条英機参謀長のとき、「満州国への内面指導」をめぐって、東条に洗脳されていた片倉は参謀副長の石原と対立し、それ以来互いに遠のいていた。石原が戦犯の最終リストから外された四月十七日の会議のあとで、供述書を提出させられることになり、重病の石原にかわって片倉が手伝うことになる。

石原は、むしろ戦犯になり、ペリー来航の一件まで遡って戦う腹だった。四月十七日の参与検事会議でリストから外されたことをむしろ悔しがった。いずれ検事局は新しい証拠を見つけて訴追に出てくると待機した。

四月二十日は土曜日である。この日午前中、突然アメリカの検事が通訳官と新聞記者を連れて尋問にきた。尋問時間は約一時間だった。

石原は、この日も熱があり、具合が悪くてベッドに横になったままだった。起位することができず、寝たままで尋問に応じた。

田中隆吉を尋問していた検事は三人いた。その中の一人であろう、新聞記者を同行し、ドアを蹴って入ってくるなり「証人尋問を開始する」。そのあとで、「お前は石原莞爾か?」と訊いた。

石原は無礼な男に、「ここには石原は一人しかいない」と惚《とぼ》けた。検事は通訳の方を振り向き、確認をとった。

すでにプロフィールは調べ上げていたらしく、満州事変と東亜連盟に触れて追及してきた。アメリカの新聞記者は初めて聞くトーアレンメイの活動に首をひねった。それでも石原は「東亜連盟運動を潰したのはマッカーサーだ。この運動さえ続いていたら、日本と中国は仲良くなっていた」というと、アメリカの記者はトーアレンメイは超国家主義だ、と悪口を言った。

石原は怒って「オレは戦犯だ。なぜ逮捕しないのだ。裁判になったら、何もかもぶちまけてやる。広島、長崎に原爆を落としたトルーマンこそ第一級の戦犯だと。どうした！　なぜ逮捕しないのだ」

この日は、相当の剣幕で怒鳴った。

五日後の二十五日のことである。米軍用の新聞『スターズ・アンド・ストライプ』紙の記者二人が通訳を連れてやってきた。『スターズ・アンド・ストライプ』は大判四頁の新聞で、一面はアメリカの政治、軍事記事、二面は日本国内記事、三面はフットボールとか野球などスポーツ面、四面は芸能と生活記事である。

石原から何も聞き出せなかったのか、それとも石原の毒舌が、アメリカ軍人を刺激する話ばかりだったせいか、記者は翌日も、翌々日の紙面にも、一行も書いていない。

翌二十六日、検事とＵＰのカメラ記者オクノがきた。オクノは検事調書のあとで、入れかわるようにして入ってきている。

『シカゴ・サン』の記者マーク・ゲインには、検察当局の石原尋問の話は伝わっていなかった。ＵＰの記者、星条旗『スターズ・アンド・ストライプ』の記者たちの耳には入っていたが、同じ記者クラブにいた『シカゴ・サン』のマーク・ゲインの耳には届いていなかったらしい。

彼が、石原莞爾が東京の病院にいることを知るのは、日本人記者からである。多分ＵＰの記者からであろう。それも四月二十七日である。この時は、逓信病院ということは分らず、彼は八方手を尽して、入院先を突きとめた。

マーク・ゲインは日本語が多少話せた。毎朝、日本の新聞（当時は表と裏のペラ二頁）にはひととおり眼を通して読んでいる。

彼は、のちに一橋大学長になる都留重人と親しく、日本についていろいろと情報をとっていた。都留は、マーク・ゲインにとっては情報源の一人だったわけである。

「私が現役にとどまっていたらアメリカにもっと金を使わせた」

マーク・ゲインは共産党に追い出された白系ロシア人で、アメリカ市民権を持つジャーナリストである。日本にいるソ連の特派記者たちは、同じ旧ロシア人という親しみからか、マーク・ゲインに近づいている。マーク・ゲインも彼らから情報をとっていた。そのひとつの例が、田中隆吉がソ連の特派員クドレワーテイフ記者に語った話の内容である。話の内容から察するに、昭和十八年東条と大ゲンカして軍を退め、国府津で百姓をしている田中にインタビューしたのだろう。田中はこう語っている。

「われわれはみんな百姓になった。小さな土地を買い、いまそれを耕している。都会にはわれわれに残された機会はない。土地がわれわれを生かし、民衆と結びつけておいてくれる。民衆はわれわれに背中を向けてしまったのではない。彼らはただ東条とその一党がヘマをやったのだと考えている。私は熱海のそばに農場を買い、そこで働きながら毎日を過ごしている。私の手を見てごらんなさい。このマメは本物ですよ。敗因の原因、現在の情勢、将来のことについて考えることも多い。今から五年、少なくとも十年すれば占領は終わる。そしたら、私は東京へ帰って、責任ある指導的地位につくつもりだ」

この、「指導的」という面では、マーク・ゲインは「石原莞爾こそ、マッカーサー後の指導者だ」と思っている。

「彼は敗戦によって何らの汚辱も蒙りはしなかった。彼は怜悧な政治家である。彼は人の指導者である」

　石原かぶれ、といってもよいほどの惚れ込みようである。また、彼が探し求めていた将軍だった。彼は昭和二十一年四月二十七日、石原と初めて会った時の印象を『ニッポン日記』にこう書いている。

「石原に会ったのは、その病院の小さな一室だった。その部屋の窓枠は爆撃のため歪んだままだった。彼は痩せた男で、渋紙色に焼け、頭は剃ったように短く刈っていた。厳しい、滅多に瞬きもしない黒い眼は、私たちを射貫くような光をたたえていた。彼は手を膝において、寝台の上に日本式に坐っていたが、黄色い支那服の不恰好な寛衣をまといながらも、彼の体躯は鋼鉄の棒のようにまっすぐだった。彼の背後には、日本式の掛軸がかかっていた。私たちは、ただ二つだけ質問した。敗戦の日本は？　そして彼自身は？　彼はすぐさま鋭い確固とした口調で長々と答えた。自分の発した言葉の一つ一つに確信を持っている人の語り方だった」

　以下は、マーク・ゲインの『ニッポン日記』（筑摩書房、井本威夫訳）から引用する。なお、以下の発言は、講和条約を結ぶ前の日本、つまりまだ交戦状況下での発言であることに留意する必要がある。

「私が現役に止まっていたら、あなた方アメリカ人にもっと金を使わせたでしょう。戦線を縮小し、アメリカの補給路を延長させ、日華事変を解決すれば、もっとうまくやれたと思う」

「日本の指導者たちがミッドウェーでの敗戦の意義を理解し、ソロモン群島の防衛陣を強化していたら、太平洋の広さが日本に味方したにちがいない。山本五十六大将（米機に撃墜された聯合艦隊司令官）らは誤りをおかした。どこに根拠地を求めるか知らなかったからだ。サイパン失陥をきいたとき、私は敗戦を覚悟した」

「私は中国とは和平できたと思っている。われわれは東亜連盟に非常に確信を持っていた。その精神を中国民衆に滲透させることさえできたら、戦いを終ることはできた。東亜連盟は終始非侵略主義だった。連盟は、中国が満州国を承認さえすれば、日本軍隊は中国から撤退しうると論じた。蒋介石は相互に結末をつける段どりとなっていたら、満州国を承認しただろう。私は終始、中国本土から撤退し、満州国をソ連との緩衝地帯にせよとの意見だった。勿論われわれはソ連と戦う意志はなかった」

東条は無能な男

このあと、石原は、東条は無能な男と語る。

「対中国政策に関しては、東条と私との間に別に意見の相違はなかった。なぜなら東条という男は、およそプランなど立てうる男ではないからだ。彼は細かい事務的なことはよく出来る。しかし中国政策というような大問題に関しては全く無能だ。彼は臆病者で、私を逮捕するだけの勇気もなかった。東条のような男やその一派が政権を握りえたという事実が、すでに日本没落の一因でもあった。東条は右翼の一部を除いては、誰からも支持されていなかった。東条を首相の位置につかせた連中は全然思想を持たなかった。ただ政治の波の頂に便乗したにすぎなかった」

東条に迫害され続けた東亜連盟会員とマッカーサーについても語っている。

「不幸なことは、東亜連盟は貴国の命令で解散させられた。東条も、連盟を弾圧しようと試みたが、連盟は朝鮮でも満州でも、また中国においても、力強い勢力を維持しつづけたのだった。

マッカーサーが東亜連盟を解散させたとき、われわれは日本の軍国主義者とアメリカの軍国主義者とは何の違いもないことを知った。東亜連盟こそは、共産主義思想と対等の条件で戦える唯一の組織だった」

「今日、われわれは集会を持つことも許されないし、私の同僚は終始監視下にある。私の妻が私に逢いにくるのにさえ、米軍当局の許可を得なければならない。私の手紙は検閲され、私の郷里あての東京からの手紙などは、最小限三ヵ月かかる。東条時代も郵便は厳重に検閲されていたが、それでも一週間以内には届いたものだ」

「私の参謀本部時代、秩父宮（天皇の弟）が私の部下であらせられた。殿下こそは陛下と国民を呼びつけ、戦争を避けることができた唯一人の方であった。殿下は日華事変開始に反対された。不幸なことに、事変勃発当時、殿下は欧州におられ、何もなさることができなかった。

近衛公の回顧録をお読みになったのなら、一九四一年の九月から十二月にかけて行われた会議のことをご記憶でしょう。当時の会議で、日華事変を惹き起した陸軍の一派は、より大規模な戦争に訴えることなしには事変の解決はできない、という考え方を使嗾《しそう》した。この一派は驚くべく墜落した卑怯者だった。私も勇敢な男じゃないが、秩父宮殿下のご支持さえあったら、私は戦争を回避させることができたと思う」

「私は今五十五だ。私は鶴岡の貧乏侍の家に生れたが、鶴岡というところには金持ちは殆どおらぬ。金を持っているのはたいがい地主か商売屋だ。私の父は軍人で、私を軍人に育て上げてくれた」

「戦犯は日本人の手で裁きたい」

石原は、検事や記者が自分に好意を持っているかどうか、ひと目で見抜いていた。マーク・ゲインの場合は、好意を持って取材にきていることが肌で直感できたせいか、貧乏侍の両親のことや、軍隊生活まで語っている。

「軍隊では私は兵隊にすこぶる人気があった。今でさえ私の下にいた人たちが何処へ行っても訪ねて来てくれる。が上官には、いつでも嫌われた——」

と語ったとき、マーク・ゲインとポップ・コクレンは爆笑した。

「——きっと上官たちは、正しい人間や正しいことが嫌いだったにちがいない」

また通訳官と二人の記者は、体を反して哄笑した。石原は、うれしくなって続けた。

「一九二八年、私は満州の関東軍参謀を命ぜられた。中国との紛争が絶えなかったので、当時誰もその職を望むものはいなかった。中国側は関東軍に対しても、居留民に対しても、また日本の権益に対しても、はなはだ不公正だと、われわれは皆んな感じていた。私は満州着任の日から早晩何か事件が起ると考えていた」

「私は一九三七年九月まで参謀本部の作戦部長だった。その地位に在任中の二年間に、私は日本の陸軍をその足で立たせ、その進むべき路を定めたと信じている。私の主要な任務は、満州をソ連から守るための軍事的準備を完成することだった。私がそれを完成するまで、参謀本部は常に中国作戦に重点を置いていた。

中国と日本との問題は解決されなければならないと、あくまで主張したため、私は参謀本部から追い出された。事実、私は一九三七年の南京占領にさえ反対した。私の最後の任務は京都師団長の二年間で、一九四一年の三月に予備役に編入された。東条は私と会うだけの勇気がなかったので、陛下から予備役編入の命が下された」

もっとも、「陛下から予備役編入の命」という意味は、二人の記者にも通訳官にも分るはずはない。予備役編入の理由もなく、また陸軍大臣自ら天皇の裁可をとることとも、石原に直接予備編入の理由を伝える勇気もなく、親補した天皇の名を借りてクビにしたわけだから、異例の事態である。

石原はしかし、二人の記者には、あえて説明はしていない。石原は、なおも、東条に対する憎悪と真実を語った。マーク・ゲインは石原が語る口調を英文で、

「彼は東条に対する猛烈かつ公然たる憎悪に彩られた真実と反真実、偏見と幻想の奇妙きわまる醸造物を吐き出しつづけた」と日記に書きとめた。

会見は通訳を入れて二時間弱である。石原は終始正座したままだった。最後に、日本の敗因を聞かれてこう語っている。

「日本の真の敗因は民主主義でなかったことだ。特高警察と憲兵隊のおかげで、国民はいつも怯えていた。しかしこれらの警察力が今除去されたということが、ただちに日本の民主化を意味するものではない。が秘密警察が破壊された以上、マッカーサーは日本人の手で追放を行なわせるべきだ。総司令部のやり方を見ていると、どうも信用できない人たちの情報にたよっているというのが現状だ。新聞関係のあなたがたなどが、総司令部が真実を知りうるように、大いに助力されることを、私はおすすめする」

マーク・ゲインは、石原莞爾の妻銻子の立ち振舞いに感銘している。初めて会ったのはちょうど会見中のときで、ドアを開けて入ってきた銻子は、アメリカ人三人が椅子にかけて尋問し

ている風なので恐怖心を覚えた。通訳官が「新聞記者だ」と言うと、心配そうな表情が消えた。「終ってからは、夫人は彼の方に向き直って低い単調な調子で話し始めた。彼は黙っていた。私たちは立ち上がり、別れをつげた」と、夫婦の静かな会話の光景を、彼は見逃さなかった。それればかりか、むしろ「侍夫婦」の会話から、日本文化の深さを知ることになる。

「オレの名があったならな、この裁判をひっくり返してやるんだが」

四月二十九日は戦後初めて迎えた天長節である。この日、首席キーナン検事は「事後法」による起訴状を発表した。原告側はアメリカ、イギリスをはじめインド等の十一ヵ国である。起訴された者は荒木貞夫をはじめ二十八名。裁判の日取りは五月三日からとなった。

起訴理由は、

一、一九二八年（昭和三年）一月一日から一九四五年までの間、日本の対内、対外政策は犯罪的軍閥によって支配され、また指導された。

（イ）対内政策

日本国民に組織的に民族的優越性の思想を植え付け、政治的には日本の議会制度にナチ党あるいはファシスト党と同様の組織を導入し、これを侵略の道具化した。また経済的には、日本の資源の大部分を戦争目的に動員した。また政府に対する陸海軍の威令と制圧を強化し、翼賛会を創設、国家主義的膨張政策を教え、新聞、ラジオに厳格な統制を加えて国民の世論を精神的に侵略戦争に備えさせた。

（ロ）対外政策

ナチ・ドイツならびにファシスト・イタリアの統治者の参加をえて、侵略国家による世界の支配と搾取獲得のため共同謀議をし、平和諸国家に対し国際法、条約に違背し、侵略戦争を計画し、準備し、開始し、かつこれを実行した。

一、こうして世界的紛争と侵略戦争を起こし、他方捕虜虐待などの戦時法規違反および一般民衆に対する残虐行為をあえてした。

起訴状では犯罪を、第一類、平和に対する罪、第二類、殺人、第三類、通例の戦争犯罪および人道に対する罪、の三種類に分けている。

また訴因として、五十五項目をあげている。

各紙の新聞は翌三十日の表面（当時ペラ二頁）の全面で取り上げた。石原は三十日、買ってきてもらった新聞で知った。

起訴された名前は荒木貞夫からはじまり、東条英機、梅津美治郎で終っている。

「オレの名があったならな。この裁判をひっくり返してやるんだが——」

と、石原は、心の中で、無念がった。

三十日は、東亜連盟の幹部たちが見舞いを兼ねて石原のところに集まった。山口重次、和田勁、神崎正義、中村勝正、旧制一高、東大出の杉浦晴男である。翌五月一日には、「石原莞爾とその思想」の作者、岡田益吉、水谷、蛭田が見える。二日には和田勁、杉浦晴男、能谷から杉浦勝次郎、それにどういう方法でやってきたのか、はるばると鹿児島から女子青年たちが石原を見舞っている。鹿児島支部長をしている元関東軍大佐で、戦時中は九州の司令官大迫通貞中将の遣いだろう。

和田勁は三日の午前中にも見舞いに来る。弟の六郎も久しぶりに現われた。この五月三日は極東軍事裁判開廷の日である。

尋問に来た米軍検事に「コラ、待て！」

『私の見た東京裁判』の筆者冨士信夫は、復員省人事局大臣官房臨時調査部員で、戦争裁判関係法廷係を担当していた。冨士はこの日記録をとるため、市ヶ谷の旧陸軍省正門からダラダラ坂を上ぼった。戦時中は迷彩色が塗られていた陸軍省の建物は、裁判に備えて白く塗りかえられ、白亜の殿堂になっていた。

「定刻十時半になったが開廷の様子がない。すでに傍聴人席も特別傍聴人席も一杯になっており、特別傍聴人席には様々の軍服姿の連合国軍人や、その夫と覚しいきらびやかな服装の女性の姿が見える。これらの特別傍聴人の中には、恐らく米第八軍司令官アイケルバーガー中将もいるのだろう。

十時半を少し過ぎた頃、中央の主任弁護人席のテーブルに数人の弁護人が着席し、同時に被告席前段の弁護人席にも何人かの日本人弁護人が着席したが、検察官の入廷は未だない。なぜこのように開廷が遅れているのか判らないが、傍聴人達はいずれもイヤホーンを被って静かに開廷を待っていた。

十一時少し過ぎに、左奥の入口から長身の、ちょっと米俳優のクラーク・ゲーブルを思わせる米陸軍軍人の服装をした男性が現われ、法廷執行官の発言席に立った。これがその後の審理の間一貫して法廷での審理の進行役を務めた法廷執行官ヴァン・ミューター大尉である――」

と、開廷の様子を書いている。

「もう、検事たちは、ここには尋問には来ないだろうな」と、和田と石原は話していた。

この日、石原は高熱で起き上がれず、和田ともベッドに横になったままで話した。手伝いには淵上千津がいた。

午後二時を過ぎていた。突然、アメリカの検事が通訳官を連れて、石原が高熱で苦しんでいる病室のドアを蹴るようにして入ってきた。石原はベッドの中で横になっていた。

「今から証人尋問を開始する！」

威圧するように言った。石原は、その無礼さに腹が立った。横になったまま起きなかった。するとまた「今から証人尋問を開始する！」と言って、石原がベッドから起きるのを待った。

敗戦国の老将軍を見くだした態度がありありだった。

旧陸軍省の建物の中では、戦後勝者が作った法律で敗者を裁く極東軍事裁判が開廷したばかりで、検事は粋がっていた。彼の態度は、「早く起きて、オレの前に頭を垂して媚びへつらえ」といわんばかりだった。

石原は、これまでの検事と違う、全く新しい検事をじらしてやろうと思った。「さあどうぞ」とばかりに、ベッドに横たわったまま、いつもの病人らしく、表情ひとつ変えず検事を見上げた。

そもそも、この裁判そのものが、裁判ではない。それに、まだ講和条約は結ばれていなく、交戦中である。日本の内政に口を出し、東久邇宮内閣を辞職させ、さらに幣原内閣も潰したＧＨＱのやり方が、石原には気に喰わない。

「聞きたければ聞け！」とばかりに、石原はベッドに横になったまま、検事の方を見た。

検事は、石原が起き上がらないので、

「それでは今から証人尋問を開始する」と言い直して、通訳の方を振り向いた。通訳官は、三度言っても起き上がろうとしない石原に、「なんて無礼な」という態度をとった。するといきなり横柄な態度で、

「板垣征四郎を知っているか？」と尋ねた。

通訳官が日本語に訳して言った。

「知っている」と、石原はベッドの中から答えた。

「橋本欣五郎を知っているか？」

「橋本？　少しは知っている」

石原の答えを検事に通訳したとき、検事はちょっと咳込んだ。

「では、板垣と橋本との関係を知っているか」

「知らない」

ここまで検事は、同じことを三回も聞いている。石原から別な答えを引き出すためだった。

しかし石原は同じ返事をした。

この検事は石原を戦犯容疑として尋問したのではなく、板垣と橋本を死刑にするための証拠を固めるためだった。

この日は満州事変、東亜連盟関係を、通訳を入れて約三時間ほどの尋問である。

ひととおりの尋問を終えたあとだった。手ごわいと思ったのか、検事は、

「これで今日の尋問は終った。明日またくるから、板垣と橋本との関係をよく思い出して、明日は返事ができるようにしておけ」

と言って、ドアを開いて去ろうとした。その時、石原はベッドの中から、突然、

「コラッ！　待て！」

と、大きな声を発して叱咤した。まさに大鳴一声である。気魄のある一声だった。

三階にある病室での石原の一喝は、ドアが開いていたせいもあるが、一階にまで聞えた。一階ロビーにいた人たちは、上の方で何が起きたのか、それも張りのある声に、驚いて、天井を見上げた。

石原は続けた。

「今の話はなんだ。無礼千万ではないか。知らないものを思い出せとは何事だ。忘れたというなら記憶をたどって思い起すこともあろう。知らない事と、忘れた事とは全然別だ」

と、大声で叱りとばした
驚いたのは検事の方だった。びっくりして立ち止り、振り向くや小さくなって謝って帰った。

法務官に「私が参謀総長だったら、負けなかった」

石原の秘書的な存在である、元報知新聞政治部記者の高木清寿が石原を見舞ったのは翌日のことである。高木が入室する前に、前日に引続いて米軍の検事が尋問にきていた。今度の検事は軍服を着ていたから陸軍法務官であろう。礼儀正しく、丁寧な言葉で聞くので、石原は起き上がって応じた。

石原は、陸軍省法務官を椅子に座わらせると、いきなり、

「もし、陛下が自分に、参謀総長を命じたならば、日本は絶対に負けなかった。その時は君は敗戦国だから、我々の膝下にも及びつかないのだ」と言った。

余りの突然の切り出しに、法務官は唖然とした。立場が逆であることも忘れていた。

「東京裁判を見るに、日本の戦犯は東条をはじめとして、いずれも権力主義者で、権力に媚び、時の勢力の大きい方について、甘い夢を見ていた者ばかりだ。莫大な経費をかけ、世界の御歴々が集って国際裁判に附すだけの値うちのある者は一人もいない。みんな犬のような者ばかりではないか」

するど法務官は、「全くそのとおりです、同感です」と答えた。

「ほう、君もそう思うか。アメリカは戦争に勝って、今は世界の大国である。世界の大国が犬をつかまえて裁判したとあっては、後世の物笑いになる。アメリカの恥だ。裁判をやめて帰ってはどうか。早速帰った方がよろしい」

「将軍は東条と意見が対立していたというではないか」

法務官が、初めて尋問した。しかし石原は法務官を鋭い眼で睨みつけて言った。

「そんなことはない。日本人にもそのような愚問を発する者がいるが、東条には思想も意見もない。私は若干の意見はもっていた。意見のない者と、意見の対立などあるはずがないではないか。ちがうか？」

法務官は返答に窮した。石原が、逆に質問した。

「東京裁判は、日清日露戦争にまで遡って、戦犯を処罰すべきだ、と論議する者がいるが、君はどう考えているか」

「そうする方針です」

「そうか」

石原は、ニヤリと笑って言った。

「それは面白い。大いにやれ。それだったらペリーこそ戦争犯罪人だ。ペリーを呼んでこい」

だが、唐突なペリー発言に、法務官も通訳官も、思い当たる人物がいなくて、けげんな顔で互いに顔を見合わせた。

「なんだ、知らないのか」

「ペリー？　ペリー？　誰ですか」

「君は貴国の歴史を知らないのか。貴国のボスではないか。いいかね。日本は当時徳川封建時代で、どこの国とも付きあいしたくないと言って門戸を閉ざして鎖国主義をとっていた。それを貴国からペリーが黒船に乗ってきて、門戸を開けろと迫り、列国との交りを強要した。それで日本も、門戸を開放して外国と交際をしてみた。すると列国はみんな侵略主義の恐ろしい国だと知ったのだ。それから日本は、自衛のために、貴国らを大先生として泥棒の侵略主義を習い、覚えた。いわば日本はアメリカの弟子だ。教わったことを日本がやったら、今度は日本は戦犯だという。だからペリーを呼んでこい。彼をあの世から呼んできて戦犯としてはどうか」

これには、余りにも唐突で返事に窮した。答えられないでいた法務官は、話題を変えた。

「今度の戦犯の中で、一体誰が第一級と思われるか」

石原は、間髪を入れず、

「それはトルーマンだ！」と言った。

法務官はまたも唖然とした。笑うにも笑えなかった。


「トルーマンこそ第一級の戦犯だ」

石原の癖のひとつに、先にボーンと結論を出すことがある。囲碁で言えば二十手先を読んで結論を先に出すようなものである。これには相手は、何を言われているか分らない。またこの手法で喋られると、生理的に肌に合わぬ者は、その場から去り、二度と会いたくなくなる。東条英機がその例である。

ところが逆に、興味を持って聞こうとする者には、順序だてて話を組みたてた。

この日もそうだった。唖然としているが、自国の大統領の名が出て、興味を持った。それが運のツキとでも言うのだろう。石原はこう言ったのである。

「大統領のトルーマンこそ第一級の戦犯だ」

法務官と通訳官は、思わず顔を見合わせた。

「どうしてそうか？」

「分らないのか」

と言って、石原は同志が拾ってきた一枚のビラを枕元から取り出して見せた。それは日本語で書かれていた。

『米国大統領就任式に臨み、日本国民に告ぐ』とある。ルーズベルトが死んだ直後だから五月頃のビラだ。このビラは、アメリカ軍が飛行機から落としたものだ。この一帯はＢ29で焼け野原になっていた。このビラにはこう書いてある。『もし、日本国民諸君が、銃後において軍人と共に戦争に協力するならば、老人、子供、婦女子を問わず全部爆撃する。だから平和を念願して、反戦体勢の気運をつくれ』。トルーマン大統領の名で書かれている。知っているか」

法務官は首をかしげた。

「これは何だ！　国際法では、非戦闘員は爆撃するな、と規定があるにも拘らず、非戦闘員を何十万人も殺したではないか。国際法違反である。このビラがそうだ。立派な証拠だ」

「あれは脅しだ」

「そうではない。このビラのとおり実行したではないか。東京では家はもちろん、犬コロまでB29で、軍需工場でもないところまで非戦闘員を爆撃したではないか。広島と長崎には原爆を落した。これは一体どうしたことか。世界の道義に訴えて与論を喚起すべき性質のものである。

戦時中の日本は非常に悪いことをしたことは否定しない。特に東亜民族に対しては低頭謝罪する。非戦闘員を侵害することは往々にしてありうるが、しかしトルーマン大統領の行為は、第一級の戦犯だ。一国の元首である大統領ともあろうものが、こんなビラを出したのは蛮行である」

石原はここでナポレオンの話をした。さすがに陸軍大出身の法務官は、興味津々で傾聴した。傍にいた淵上千津は「検事が生徒のようだった」と語っている。

さらに石原はサイパン島死守を例に、石原作戦を披露した。

「真の天王山はサイパン島である。日本が真にサイパン島を防備するのに万全を期していたならば、米軍の侵入を防ぐことができたはずである。ところが当の豊田司令官は昼寝をしていたではないか。アメリカはサイパン島を手に入れることができなければ、本土爆撃は困難だった。何となれば、サイパンと本土からの攻撃で挟み撃ちになるからだ。日本はサイパンさえ確実に守れば、持久戦になるところだった。日本は東亜の内乱を政治的に解決し、中国に心から謝って日華事変を解決し、次々民族の結合力を利用して東亜一丸となることができた。日本軍はサイパンに拠点を置けば、ガタガタ飛行機でも何とか利用できて、レイテを守り、必然的に持久戦に入り、少なくとも日本は負けはしなかった」

法務官は、「まるで陸軍大学の講義を聞いているみたいだった」と感激して帰った。

ソ連の検事へ「下司な馬鹿野郎とは話したくない」

検事たちの尋問は九日、十七、二十四、二十八日、二十九日、七月に入ると二十三、二十四日と続いた。九日は検事でなく陸軍の法務官が見えた。十七日は、四日の日にきた陸大出の法務官だった。「ゼネラル」と言ってチョコレートを持ってきた。甘いのが好き、ということを知っていたのである。検事たちは、板垣や橋本、東条らの裏付け情報をほぼ集め終えている。

だが、五月二十八日にやってきたソ連の検事は陰湿だった。もともと宣戦布告と同時に満州を奇襲したソ連に起訴される筋合いはない。この日は淵上千津が石原の世話をしていて、傍で聞いている。

「アメリカの人たちは、将軍にゼネラルと言って、すごく尊敬してね、礼を尽すけど、ソ連の方はね、将軍がものを言うでしょう、すると何も言わないで固くなっちゃう。ぜんぜんダメです。アメリカ人は正論に対しては、そうだそうだと喜ぶの。今でも覚えていますけど、一番の犯人は非戦闘員を殺したトルーマンだって。これは明日のあなた達の運命だ、と言ったんです。皆んな、そうだそうだ、と言いましてね」

ソ連の参謀検事が通訳官と一緒にきたのは五月二十八日である。ソ連の検事は当時五人いた。ソ連の通信社や特派記者から、石原については大筋を聞いているらしく、いきなり満州事変について、また満州建国について尋問した。

昭和八年、ジュネーブに行く途中、ソ連の参謀長と会ったことを話すと、この検事はちょっと顔色を変えた。この日、こんなやりとりがあった。

国体について尋問した時、石原は天皇を中心とした国家でなければ日本は治らない旨を話したところ、検事はせせら笑ってスターリンを持ち出した。その時石原は、ムッときて激怒した。

「自分の信仰を知らずして、他人の信仰を嘲笑うような下司な馬鹿野郎とは話をしたくない。帰れ！」

その大きな声に、検事と通訳官はびっくりしてしまった。傍にいた淵上千津は、このときのやりとりを聞いていたが、無愛想なソ連の検事に、不快感を覚えた。

通訳官が心配になって、石原に、

「この人はソ連では優秀な参謀です。話をすれば分ると思います。ぜひ話をすすめて下さい」

と頼んだ。石原は、

「馬鹿を言うな。こんなのはソ連では優秀かも知れないが、日本には箒で掃き出すほどいる。こんなバカとは口をききたくない」

石原にしてみれば、会いにきたから話してやっているのに、天皇の悪口を言われたのでは我慢ならなかった。それで二人をじろっと睨みつけて、口をつぐんだ。

困ったのは通訳官だった。なんとか石原に話を続けてもらいたくて泣き入って、頼み込んだ。

ソ連の参謀検事のことはどうでもよかったが、石原は通訳官がかわいそうになって、思い直した。暫くして、がらっと話題を変えた。

「ソ連は芸術を尊ぶか」

唐突ではあったが、参謀検事が話にのってくる話題であることを考慮の上だった。石原の方から、会話に誘い込んだ。

予想したとおり、無愛想な検事は、得意顔になって頷いた。

「ソ連は芸術を尊ぶ国である」

石原のペースに乗ってきた。

「チャイコフスキー、トルストイなど立派な芸術家、作家がいるな」

「そうだ、ソ連は芸術の国だ」

「芸術は信仰だ。分るか」

「――？」

「分るように話してやる。君らは、スターリンといえば絶対ではないか。スターリンの言葉にはいっさい反発も、疑問も許されないだろう。絶対なものは信仰だ。どうだ、判ったか。自分自身が信仰を持っていながら、他人の信仰を笑うような馬鹿には用はない。もう帰れ！」

石原は、そこまで言っても分らぬ奴とは話したくなかった。それっきり口をきかなかった。

マッカーサーは必ず失敗する

翌日は、米軍将校の日系二世が訪ねてきた。日系二世たちは通訳官を兼ねた陸軍情報将校が多い。多分にその二世も、情報将校だったのだろう。一人でやってきたところを見ると、尋問ではなく、個人的に話を聞いてみたかったのだろう。

二世の将校は、

「マッカーサー元帥の軍政をどう思われるか」と訊いた。

そこで石原は、きっぱりと言った。

「それは大失敗だ。マッカーサーは過去の日本軍隊の軍政と全く同じことをやっている。満州国は世間では悪く言う一面では、確かに日本軍隊の侵略的結果だけが目に映るようだ。しかし、満州国誕生の経緯は、充分に認識されていない。これは後世の歴史家により改めて研究する必要がある。このままでは後世を誤ることになる」

「満州という所は、東亜民族の溶鉱炉のような所である。常に民族間の闘争が絶えなかった。その尊い闘争の試練から、民族協和なるものが創造されたのである。要するに、協和なくして生存も繁栄も、到底期し得られずと悟得したのが、満州国だった。

各民族は、歴史的にも各々言い分がある。不平もある。各民族はそれぞれに主張し得る権利を持っていたのが満州である。その各々の言い分や権利を揚棄して大きく協和する、それはアメリカ人のカリフォルニア州のような美しい国にしようと率然として発したのが満州建国だった。それは激しい闘争と苦悶の体験から生じた歴史の必然だったのだ。

満州国は日本軍が武力で勝手に作ったように世間では思っているようだし、当時日本国内においてさえ、満州国を認めないといった盲目的思想も多く、独立国家としての満州国の出現に反対したくらいだった」

「またある者は、植民地のカモフラージュだと思ったり、日本国内自身の満州観も統一されていなかった。結果的に見ると、私どもがいなくなったあと、満州国はついに軍人と官僚に誤られて、今日侵略だとレッテルを貼られているが、建国当時の真意と創意、そして心ある人々の精進は、時局便乗者流の心ない批判と悲壮な観察に極論されているきらいがある」

「しかし、いわゆる軍の内面指導なるものが非常に誤っていたことは認める。満州でも華北でも、どこでもそうだったが、日本軍政が行われていた所では、必ず中国人の漢奸の喰い物にされていた。

彼らはいかにも日本のためを思い、中国のためを思うかの如く振る舞い、甘言を恣《ほしいまま》にし、軍にとり入って軍の背景を利用し、私利私欲を図った。日本軍は中国人の忌み嫌う中国人、中国を売り物にするこの漢奸の口車に乗せられ、彼らこそ両国に忠義立てするものと信用して、大事を任せたり、仕事をさせたりしたのだが、中国人から見れば全く笑止の沙汰で、日本及日本軍に対する不信軽蔑の原因もそこにあった。今マッカーサーがやっているのは、まさしくこれと寸分の違いもない。

その原因は、一般の日本人から嫌われている日本人の最も軽蔑するオベッカ使いの言を信用し、軍政を行っているためである。それは恰も漢奸によって誤った日本軍の轍を踏むのと全く同じである。だからマッカーサーは失敗するにちがいない」

二世将校は、石原の講義を聞き、石原がアメリカのカリフォルニア州のように、満州国を建国したかったことを知った。日系二世将校は、「こんなにはっきりと言って頂いたことは初めてです。今日はうれしかった。今後も、意見してください」と感謝した。

しかし石原は、

「お前のような小モノには進言しない。ダメだ」

と毒舌を吐いて、その場を笑わせた。

第7章

石原莞爾、戦犯を望む

膀胱ガンに苦しむ

石原が逓信病院を退院するのは二十一年八月八日である。しかし逓信病院の医療故障などで、石原の容態はかえって悪化した。

そんななか、ソ連の判事二名が五月二十八日に続いて二十九日にもやってきた。アメリカ人は午後から尋問するなど病人への気配りがあったが、ソ連の検事と判事は二回とも午前中にやってきた。個人の人格を無視するやり方はいかにも共産主義的で、石原といえども、気に喰わない。石原は日記にこう書いている。

「二十八日、水曜日。午前、ソ連判事三名（※通訳一名）、愚問多数。鈴木文平（宮城県岩沼の会員）ソ連判事ノタメ空シクカヘル」

陸士同期で陸軍中将の飯沼守が見舞いにきたのは五月二十三日だったが、三十日には東亜連盟神奈川支部長の伊東忠次・孝一父子が見舞いにきた。伊東忠次は海軍だが、戦前から横須賀駅前で東亜連盟の主旨演説会を行うなど、海軍内に同志を求めた。しかし彼にも圧力がかかり、海軍をやめると、いち民間人として、父子で東亜連盟運動に情熱を燃した。

その息子孝一は陸軍士官学校に入り、石原イズムとなり、戦史の研究を続けた。三十二聯隊将校となった伊東孝一は満州の東安省揚崗《ヤンガン》で毎日戦史を読んだ。二十年三月、二十四師団は沖縄に移動し、二十四歳の若い大隊長として抗戦し、終戦を迎え、九月三日付で沖縄の石川収容所に収容された。「戦史のおかげで私の大隊は生き残れた。世界中のあらゆる戦史を読んだが、結局一番役に立ったのは孫子の兵法でした」と語っている。

昭和二十一年三月二十七日復員し、逗子の自宅で体調を整え、二ヵ月後に父親に連れられて飯田橋の逓信病院に出かけ、石原と初対面している。

入れ替わるように、満鉄理事をしていた十河信二が見える。十河は、戦後国鉄総裁になり、東京オリンピックに合わせるように、新幹線を完成させた。

六月七日には、東条暗殺を仕掛けた元第一師団歩兵第一連隊の津野田知重大佐が見舞う。陸大三十九期の石井正美は石原がジュネーブに行ったさい、ベルリンで石原のために戦史資料収集でひと役買った恩人で、のちに陸軍少将になる。彼は一週間置きに石原を見舞い、昭和七年のベルリン・ジュネーブでの昔話をして励している。

七月六日には多田駿大将父子が見舞った。

膀胱癌は確かに進行していた。しかし当時の医学ではどうにもならない。焼くか切るだけで、投薬治療はない。石原が不快になって逃げ出した東大病院の高橋泌尿器科部長は、どうしたことか、間もなく逓信病院の院長に栄転し、石原の病室を訪ねている。

五月十三日、高橋院長は自から尿道から熱線を入れて癌を焼いた。その結果、尿の出は一時よくなる。十七日の日記には、「本日ヨリ小便、大ニ透明度ヲマス」とある。石原の、ほっとした表情が想像できる。その日は同志の高田が、どこから手に入れたのかペニシリンを持参してきた。

翌十八日には、第五回めの「焼き治療」を行う予定だったが、器械が故障して、修善のため取止めになった。二十二日には膀胱鏡による検査を行うが、その後の「焼き治療」は器械故障のため見送られてしまった。二十七日、見かねた水野外科の水野孝院長が高橋院長に手術を急ぐように相談する。

五月三十一日、金曜日午後二時。水野院長立ち会いのもとで開腹による膀胱癌手術が行われた。さすがの鉄人石原も、術後の尿部の痛みに耐え切れず、一睡もできなかった。

翌六月一日から三十八度三分の熱が出て苦しむ。三日、野口、宮本、土屋の三人の医師は、ネラトンを取ることで一致したが、五日の夜、開腹した傷口から尿が出る、というアクシデントに見舞われた。

この日、有末精三中将が、ペニシリンを手に入れて石原に届けた。四日は午後四時から二時間おきに注射する。その数は十回である。傷口の抜糸は七日で、高橋院長は回診後、半分ほどを抜糸した。翌八日に、残りの糸を抜糸する。

だが九日の朝、石原は突然肝臓の痛みを訴えた。痛み止めの治療をするが、なかなか、治まらず、やっと静かになったのは、夜の十時だった。

六月二十六日、詰まっていた尿道を焼く。治療時間は二時間。痛みは激しく、二十七日、医者は鎮痛用に麻薬を注射した。このため一時的に痛みがとれたが、翌朝、石原は激しい頭痛に苦しむ。余りの頭痛で、予定していたレントゲン撮影を休んだ。

石原が、会員用の講義ノート「我等の世界観」の要約に着手するのは、膀胱癌手術後の経過が一休止した七月八日の夜である。この稿は二十一年十月、鶴岡から吹浦の西山農園に移ったあとに完成させている。

しかしペニシリンを注射したり、尿道を焼き治療しても、あらたに癌が発生し、尿道を塞いだ。そのためまた三十八度の熱に苦しむ。

十五日は膀胱焼き治療の予定だったが、またも器械が故障し、延期となった。膀胱鏡でのぞいてみると尿管の付近に新しく数個、今で言うところのポリープが見つかっている。焼きとることができず、三十九度近い熱に苦しむ。

東京裁判の様子を病院のベッドで聞く

どこからともなく「NHKのど自慢」のラジオ放送が流れてくる。この番組は昭和二十一年一月十九日から始まった。第一回放送には、九百人ほどの長い行列が、放送会館を取り囲んだ。二十一年五月一日、この日は第一回のメーデーが各地で行われた日である。石原が最も危惧した共産党員の志賀義雄などが府中刑務所から釈放され、GHQ内で発言権を持つようになったことである。GHQは徳田球一、志賀などから情報を聞き、戦後の政治・経済面で偏見にみちた政策を、内閣に指示している。

二十年十月五日、東久邇宮内閣が「これまで」と総辞職した原因となったのが「政治、宗教、民権の自由に対する制限撤廃に関する覚書」である。この中には治安維持法、国家保安法などが含まれたが、余りの強圧に、石原がつくった戦後の内閣は、押し潰されていた。

幸いだったのは、途中で重光葵外相にかわって、石原が最初から指名していた吉田茂が外相に就任し、また次の幣原内閣でも起用されて留任したことである。「吉田ならマッカーサーに喰ってかかるだろう」と、石原は期待した。

　その吉田が、五月二十二日、幣原にかわって内閣を組閣した。大蔵大臣に元東洋経済新報社社長の石橋湛山、司法大臣に元検事総長の木村篤太郎、文部大臣に元東大教授の田中耕太郎、農林大臣に和田博雄など民間人による組閣である。

　またこの組閣の一週間前に、ＧＨＱの対日理事会議長のジョージ・アチソンは五月十五日の理事会で、ソ連代表のクスマ・デレビヤンコのメーデー宣言に関する質問に対し、「アメリカはアメリカ国内だけでなく、日本においても共産主義を歓迎しない」と言明し、「反共路線」を明らかにしている。

　時同じくして、ＮＨＫのラジオからは新しい歌が流れてきた。「すみれの花咲く丘」、「悲しき口笛」そして田端義夫の「かへり船」など、哀愁をおびた歌謡曲である。間もなくして、誰が詞をつけたのか、吉田正作曲の「異国の丘」のメロディがラジオから流れてきた。満州の荒野で愛馬をうたった曲だったが、日本でこの曲に作詞したものである。

「リンゴの歌」も、レコード化され、ラジオで流れる。石原が、なかでも涙を流して聞いたのは、吉田正作曲の「異国の丘」だった。病院のどこからともなく流れくるこの歌を、石原は高熱でうなされている病床で聞いている。

　東亜連盟の同志の間でも、病床の石原を励ますため、ハーモニカ演奏者新井克輔による「荒城の月」が演奏された。新井は今日ではハーモニカ演奏の第一人者として知られるが、当時は若い青年で、和田勁の家に居候していた。最初は逓信病院の看護婦たちを慰労するためだった。石原も看護婦たちと一緒に聴いている。そのうちに、病室でも演奏した。

見舞客は、六月七月になると急に増えた。多田駿元参謀次長父子は週一回の割り合いで千葉の館山から訪れ、東京裁判の様子や、新憲法草案について意見を交わしている。

石原が同志の一人が、「大川周明博士が東条の頭を叩いた」話を、おもしろおかしく語ったのは、東京裁判開廷から二日後のことだった。

朝日新聞の政治部記者武内文彬は五月五日（日曜日）に石原を訪ねている。詳細はその時に聞いたのだろう。大川周明は、開廷の日の五月三日午後三時三十分、水色のパジャマ姿に素足、下駄をつっかけて入廷、前の席にいる東条の禿げ頭を、平手でピシャッと叩いたのである。

東条はにが笑いして後部座席を振り向くが、大川はにが笑いし、隣りの平沼麟一郎に話しかけ、注意される。今度は高笑いし、パジャマのボタンをはずし始めた。

大川は、休憩のあとも、東条の頭を叩いた。すぐに憲兵隊に押さえられ、退廷するが、「インド人、来たれ！」と意味の分らない事を言っては怒鳴ったり、奇声を上げた。

四日の法廷では、大川周明は精神鑑定を必要とすると裁判長に宣告され、退廷させられた。市ヶ谷から巣鴨に送られ、さらに米陸軍病院に送られたが、巣鴨を出るとき英語で「俺は一番偉いんだ。俺は一生懸命仕事をしたんだ。東条のヤツがなにもかも邪魔立てしたんだ。東条は厳罪に処してもらいたい。これからマッカーサーに直談判に行く」（朝日新聞『東京裁判』）とまくしたてた。

「東条を殺していたら、日本のために幸いだったに違いない」とAP通信の記者に話している。

大川は昭和二十二年四月に免訴となり釈放され、鶴岡の実家に戻った。二十二年一月に石原が鶴岡市内の木根淵医院に入院中にも、石原を見舞っている。

石原と一緒に満州鉄道を伸ばした松岡洋右が、東京裁判出廷中、結核が悪化し、六月二十七日に死去した。田中静壱東部総軍司令長官の自決といい、本庄繁の自決といい、石原は日本国家造りに命をかけた友人たちの死を、病床で知るたびに、ベッドの上で合掌した。

宣誓供述書が語る満州事変の真実

片倉衷が、石原の「宣誓供述書」の代筆したものを持ってきた。病床の石原にかわり、供述筆記した。それを項目ごとに書き、石原にチェックしてもらうというやり方で書いたものである。満州事変の全貌が詳細に語られている。

項目は次の六項目である。

第一、満州事変前における一般情勢、就中日本の軍事的地位について。
第二、事変当時関東軍の作戦準備の概要について。
第三、関東軍作戦準備と部外者との関係について。
第四、九・一八事件突発と関東軍司令官の決心部署について。
第五、事件不拡大方針に基く中央部の処理方策と関東軍の軍事行動との関係について。
第六、満州問題解決と軍事的見解について。

第一項の満州事変前の一般情勢について石原は、「満州における駐兵権を獲得した頃の東北四省の支那軍の軍事力は極めて微弱であった。ところが清朝崩壊後張作霖が逐次勢力を張り、関内にその野望を大ならしむるに至り、漸次その兵力を増強され、日ソ両勢力の駆逐を試むるに至り、張作霖軍の行動は満州において相当考慮を要するところとなった。

張作霖爆死後は張学良が満州における抗日運動を組織化し、軍の行動を重視せざるをえなくなった。しかも張学良は国民党軍の副司令に任ぜられた。二十二万に上る常備兵力をもち、奉天兵工廠の規模拡大、戦車、飛行機等の近代兵器の装備、訓練機関の強化など、充実を図っていた」（要約）と状況を述べている。これに対し関東軍は、

「軍事的に極めて危険な状態に陥り、しかも張学良指導の組織的排日行為により、各種の妨害行為、事故の頻発に直面、現地関東軍としては兵力増強、部隊配置等を意見具申したが陸軍中央部に容認されず、微弱なる日本軍は平時態勢のまま優勢にして抗日意識に燃ゆる支那大軍の面前に曝され、一方何ら見るべき外交的処置も講ぜられず、唯々先のみの形勢緩和の策が叫ばれるのみで、日支両軍の関係は一触即発恰も噴火山上にあるままに放置された」と、関東軍の不安状態に触れる。

のちに言論界の大御所徳富蘇峰は、満州事変を「自然発火」と述べている。

第二項では、関東軍の作戦準備に触れ、石原はこう語っている（要約）。

「平時より関東軍は南満鉄道の守備並びに関東州の防衛に任ずるの外、有事においてソ連軍の満州侵入に伴い惹起する日ソ開戦に際し、日本軍主力を作戦任務につけさせた。勿論この対ソ作戦準備は、北満方面に進出したソ連軍が、更に南満地区に攻撃してくる際、南満北側で撃破する程度の防衛的なもので、対支那作戦準備はしていなかった」

「東北の情勢が悪化し、（張学良軍）抗日意識に燃えて逐次両軍の間に衝突の危険を包蔵するに至って参りましたので、陸軍中央統帥部より、万一に処する応変の作戦を準備させられた。即ち装備編成劣弱な約一万余の関東軍は長春以南千キロに近き南満線に平時態勢のまま分散配置せられ、二十数万を算する支那軍の包囲下にあった。特に奉天、長春、昌図、鳳凰城等には数万の大兵が駐屯、奉天王の以哲旅の各兵室には対日強化決意を示せる旅長の訓示が印刷せられ

て敵意を昂進させている。というような状態で、日本軍は万一、日支衝突地点の何れたるとを問わず、機先を制し殆ど関東軍の全力を挙げて奉天付近に集中し、一挙に在奉天軍中枢並びに東北軍の精鋭に一撃を加え、彼の死命を制し、至短期間に解決するの作戦を確立し、これに基く教育、訓練、輸送諸般の準備を整えた次第である」

「本庄軍司令官が昭和六年八月、菱刈大将に代わって着任せらるるや、当時殊に中村大尉事件、万宝山事件等の累発、各地守備勤務に関する衝突事件の頻発等に臨み、事態の迫を察知せられ、随時検閲を併せ行い、特に各隊の作戦準備の完遂を点検せられた。（中略）関東軍としては満州に所在する利用可能の範囲における作戦資材の活用により、戦力の増強に努めました。例えば奉天独立守備第二大隊の兵舎に重砲二門を備え付けるとか、あるいは歩兵部隊の一部に装甲自動車若干を装備するとか、爆撃装備その他城壁攻撃資材を用意するなど、戦闘威力の欠陥を補う努力をした」

「軍隊輸送の如きも、遼陽部隊の奉天に向う列車輸送は、警報受領後約一時間にして開始せらるるの自信をもっておりましたが、事変当時は遺憾ながら四時間を要しました。また敵装備の優良、就中迫撃砲の強大、戦車・飛行機等の保持に鑑み、我が方としては得意の夜戦の訓練を熾烈ならしめ、また城壁攻撃の演習を重ねるなど、〝一以て百に当る〟の概を以て応変に違算なきを期した次第」

柳条溝事件前夜

第三の部外者との関係について、石原は関東軍の司令官以下幕僚の名を上げ、張学良の軍事顧問に柴山兼四郎少佐、その他若干の軍事教官が招聘せられていた他、第二師団長は石原が陸大教官のときの校長だった多門二郎中将の名を上げている。そして、
「これらの将校は三月事件とは何等の関係なく、桜会等のメンバーでもない。また自分は満州事変迄、橋本欣五郎大佐及び大川周明博士とは別に懇談したことは一回もない」と明言している。

満州事変後の十月事件については、「東京の方では、関東軍を独立するものの、また関東軍と相呼応して何か事を起すというような疑惑を持った向きもあって、可成り激越なる電報が来たり、また諭旨の為白川大将等が来満せられたこともありましたが、現地軍としては冷静で、ひたすら任務達成に努力した。むしろ中央の狼狽振りに噴飯笑止を禁じ得なかった」

また関東軍が満鉄や民間人と共謀して事変を引き起す（注、満州独立のことか）が如き計画を謀議したこともない、と強い語調で書き残している。

九月十八日の奉天事件当時の司令官の決心と、その後にとった行動についてはいろいろな憶測がとんだ。が、「石原供述書」は、当時のことを詳細に書き残している。

この第四項目は非常に大事なポイントなので、供述書をそのまま引用し、再現する。

「昭和六年（一九三一）九月十八日、本庄将軍は初度巡視を兼ねたる随時検閲の最後を遼陽で終って第二師団に訓示を与えました。すると旅順にいた三宅参謀長から本庄司令官宛に『東京から建川少将が奉天にくるとのこと故、板垣参謀か石原参謀（私のこと）を奉天に残すように』との電報が来ました。そこで本庄司令官は板垣参謀に奉天に行くように命じ、その夜私その他の幕僚を従えて旅順に帰りました。

この夜半、自分は中野参謀から大至急参謀長の官舎に来てくれとのことで、軍司令部から程

遠からぬ参謀長官舎に駆けつけました。そこには既に軍幕僚片倉大尉の手配で、竹下中佐以下各幕僚が和服のまま参集して居りました。その際『十八日夜十時過ぎ、奉天北大営西側において暴戻なる支那軍隊は満鉄線を破壊、守備兵を襲い我が守備隊と衝突せりとの報告に接し、奉天独立守備歩兵第二大隊は現地に向って出動中なり』との第一報としての軍機電報を承知をし、三宅参謀長より軍司令官官邸に電話を以て連絡して軍司令官の司令部に出頭を求むると共に、自分達は打揃ってそのまま軍司令部に参りまして善後策に関し研究しました」

「零時二十八分頃、奉天特務機関より『北大営の敵は満鉄線を爆破、その兵力三、四中隊にして虎石台中隊は十一時すぎ五、六百の敵と交戦中、北大営の一角占領、敵は機関銃歩兵砲を増加しつつあり。中隊は目下苦戦中、野田中尉は重傷なり』との第二報を接受しました。そこに軍司令官が登庁せられました。さて軍参謀長以下の研究では『支那軍の暴挙に基き、事態がここに到った以上は不幸にして予期せる最悪の事態が到来した。もはや隠忍自重も極言に達した。この際断乎として機先を制して敵を膺懲しなければ、今夜いかに悪化するかも分らない。現下彼我逼迫した状態はもはや一刻を猶予すべからず、断乎として軍余力の行動を起し、短切に敵中枢の死命を制すべきである』との結論に達しましたので、自分は作戦主任とし、本庄将軍に意見を開陳しました。本庄司令官は瞑目せられて沈思黙想後五分間、開眼せられますると一般の形勢を判断せられ、『宜ろしい、本職の責任においてやろう』と確乎たる決意を以て断案を下されました。幕僚一同粛然感慨に打たれた次第であります」

「而してこの荘重千鈞の重みある決断の下、自分等は実に油然として責任の重大を感ぜられました。

更に本庄司令官は平素の作戦計画に拘らず、在長春部隊は奉天集中を止めてそのまま長春方面に位置せしめ、待機して万一を慮り寛城子、南嶺の敵に対処し、もしくは吉林方面よりする敵の反対に対せしめられました。また奉天附近の戦況に鑑み、軍主力をまず奉天附近に集中する案を執らず、兵力の逐次加入により攻撃を断行することに部署せられました。

この軍司令官の決断及び部署の大綱指示に基き平素の作戦計画に変更を加え、十九日午前一時半乃至二時の間に左記諸命令を発せられました。即ち在遼陽第二師団長には奉天附近攻撃を、在公主嶺独立守備隊司令官には独立守備第一、第五大隊を以て奉天附近に集中を、大石橋独立守備第三大隊長には営口の敵の駆逐を、連山関独立守備第四大隊長には鳳凰城、安東附近の敵の掃蕩を、鞍山独立守備隊第六大隊長には約二中隊を以て奉天に至り第二師団長の区処下に入るべきことを、また在長春歩兵第三旅団長には歩兵第四連隊及び騎兵第二連隊を以て、長春の警備を夫々電報で命ぜられました。尚在旅順歩兵第三十六連隊及び旅順重砲大隊には出動命令を下達しました。

「本庄司令官は三宅参謀長及び参謀第一、各部隊長全部を一時旅順に残置し、自分以下幕僚の大部を随え、十九日午前三時過ぎ旅順を発し奉天に向って進発せられました。途中沿線官民の支那軍膺懲を絶叫する要望を浴びつつ、また刻々推移する戦局の報告を接受しつつ十九日正午頃奉天停車場に到着をして、とりあえず臨時に戦闘指令所を奉天停車場に開設しました。（中略）」

これより前九月十八日、本庄将軍は遼陽において建川将軍が連絡のために奉天経由で来るということを承知せられ、これと連絡のため、並びに中村事件に関する奉天陸軍特務機関及び総領事館側との連絡を兼ねて検閲終了後、同日午後板垣大佐を遼陽から奉天に派遣しました。板垣大佐はたまたま同夕おそく来奉した建川少将と会見した後、詳しい連絡用務も聞かずに更に会見を翌日に約して別れましたが、その夜半事件に遭遇してここで奉天現地における戦局に関し、所要の指導をしました。

板垣大佐は高級参謀として既に平素より本庄軍司令官の意図を承知して居りましたが、殊に直前において作戦準備に関する検閲等で一層万一に処する軍司令官の意図が闡明せられて居った矢先でありますので、この突発せる事件に際して執った機宜の行動は悉く軍司令官の意図に合し、これを承認せられた次第であります。軍作戦遂行にも重大な貢献をしたのであります。

尚九月十九日の午後六時頃、参謀総長から次の趣旨の電報を受領しました。

（一）九月十八日夜以後における関東軍司令官の決心及び処置は機宜に適したるものにして、日本軍隊の威重を加えたるものと信じあり。

（二）事件発生以来、支那側の態度に鑑み、事件の処理に関しては必要度を越えざるものにして、日本軍もあり、従って今後軍の行動はこの趣旨により善処せらるべし」

また「奉勅命令に違反した、しなかった、石原の独走だった」云々について、石原はこの昭和二十一年初夏にまとめた供述書の、「中央部と関東軍の軍事行動」の項目の中で、「中央部は現地軍の戦場心理不理解」と次のように述べている。

「日本政府は九月十九日、事態不拡大の方針を決定してその日午後六時頃、前述参謀総長の電報と相前後して陸軍大臣（注、当時南次郎）から軍司令官宛「今回の日支衝突事件に関して帝国政府は支那兵が満鉄線路を破壊するに基因するものにして非は固より彼に存するも、事態を拡大せざるように極力努むることに方針を確定せり。右お含みの上行動ありたし」との趣旨の電報を拝受しました。

関東軍としてはこの大臣の電報並びに前述の総長電報によって、政府並びに中央総帥部の意図方針はよく承知しました。即ちその要望する不拡大の方針はよく承知しておる所でありましたが、現地における武力衝突発生という客観的事態は結果において不拡大方針と違い、屡々中央より御叱りを蒙りました。その主因を考えまするとまず現地における事態が常に中央に対して精確に捕捉せられなかったことがあります。我々関東軍としましても中央の方針を体して行動しその努力を続けたのでありますが、何分兵力不足のもたらす各方面の支障は関東軍としては極めて敏感に作用しまして、蠢動策応する支那兵に対し寸刻も与えず機先之を処理することが必要でありました。然るに中央においては現地軍のこの戦場心理の理解、現地支那軍の動向が分らず、希望的観測もしくは外交交渉の都会等からのみ考慮して処理せられました」

外交と戦場心理

石原はここで、外交交渉について述べる。これまで、外務省は「関東軍は言うことを聞かない」（幣原外相）と、関東軍の独走を非難してきたが、これも現地の戦場心理、中国側の口約束の不履行など、余りにも現地を知らなさすぎる外交姿勢が問われる。石原は当時の外交交渉に触れてこう語っている。

「次に、我が中央当局の外交交渉は、相手方たる南京政府としては東北に対して大なる統制力がなく、口約は悉く実行せられませんが。また張学良も混乱せる各地軍隊の行動を抑制することが出来なかったのであります。我が中央もしくは南京か北京における交渉は時機に間に合わず、従って事態を現地局地的に解決する以外に方途がなくなりました。

九月下旬、関東軍は兵力を満州沿線に集結し情勢を静観しましたが、錦州、龍江何れも大兵を擁して反抗の挙に出でんとするの気配がありました。昭和六年十月末、嫩江橋梁破壊せらるるや我が方はその了解の下に嫩江附近の橋梁の修理を始めましたところ、その修理班に対して現地支那軍は不注射撃を開始し、我が掩護部隊は已むなく応戦し苦戦に陥りました。また関東軍主力が遂にチチハル方面に進出を余儀なくせらるるや、奉天附近には僅かに歩兵二中隊を止め得たに過ぎません。我が軽兵を察知し支那軍は錦州方面に大軍を擁し、殊に当時支那本土方面からは盛んに抗日宣伝を行い、この敵兵力の増加出動は南満地区の重大な脅威であり、関東軍としては極めて軍の神経を刺戟し、錦州方面の策源を掃蕩しなければならないというような意見を有つに至った次第であります。

然る所十一月末、第二次天津事変に際し、在支天津軍より兵力派兵の要求があったので、当時馬占山軍主力履滅後ではあり、対ソ刺戟をせざる根本方針にも鑑み、この方面を減兵しても錦州方面に兵を進めんとして準備をしましたが却って中央統帥部はこれを抑止して来ました。当時支那外交当局を通じて我が外務筋に、錦州附近中立地帯設定問題等が提議せられて居ったようでありますが、我が方が兵を引きますと、忽ち支那側がこの提議を引込めてしまうというような状態でありました。兵力過少にして軍事的形勢が極めて不安の位置にある出先部隊としては、機先を制して所在の敵の反抗の萌芽を叩く必要があったのであります。

関東軍司令官本庄繁将軍は温厚なる人物に拘らず常に大局を判断せられて少壮幕僚の積極的意見についても十分これを傾聴すると共に、閫外の重責を一身に担い、自ら確固たる決意を以て命令を発し、大綱に関し指示を与えられました。関東軍は軍の意見として屢に積極的に具申し時に中央部と激しく論争をすることも屢々あったのでありますが、究極において軍の統帥作戦に関し奉勅命令に背馳し、もしくは奉勅指示に違反したことは一回もなかったことを断言いたします」

問題の「錦州爆撃」は、石原自ら機上から爆弾投下、攻撃した作戦であった。このことについて、次のように述べている。

「関東軍司令官の行動に、もし中央統帥部と軍との間に何等の連絡がなくして行われたことを挙げれば次の二つのみであります。

その一つは奉天事件突発に伴う関東軍主力の出動であります。併しこれは前申した通り当時の軍事的形勢から観て、本庄将軍が関東軍司令部条令第三条並びに平時の作戦準備に基いてその有する任務権限を発動せられたものであります。

もう一つは十月八日、錦州方面の爆撃でありますが、これは当時錦州方面に占拠していた東北軍の状況を偵察する為に、八八式偵察機六機、押収ポテー五機を以て該地附近を偵察しましたところ応射を受けたので、自衛上その軍政権庁舎である交通大学及び二八師の兵営並びに張作相（学良の弟）の私邸等に約七五発の爆弾を投下したに過ぎません。

所がこの爆弾は七糎級山砲位の大きさでありましたが、完全な投爆装置がなく手で投げたような塩梅で多少弾丸が他に散ったかもしれませんが、併しこれを前欧州大戦において独空軍が行ったロンドン爆撃、惑いながら戦における米軍Ｂ29等の日本都市爆撃とか、広島、長崎における原子爆弾投下の惨害に比したならば殆ど問題にならない程であったと確信いたします。

その他の場合においては何れもが中央とよく意見を戦わし、もしくはその指示を俟って作戦を開始せられた次第であります。殊に北満方面に対する用兵に関しては中央の方針に則って対ソ関係の全般に考慮を加え、ソ国に対して我が方の侵略的断念を抱かせたり、又北満における彼の権益を侵すというようなことのない為に、作戦の不利不便を忍んでも部隊の行動を拘束した次第であります」

満州建国は歴史的所産なり

満州問題の解決について、石原は「支那側の国権回復と我が方の権益維持との相反する要求の衝突で、何れか一方譲歩するか、双方妥協せざる限り解決は至難だった」と、当時満州問題を解説している。

「単なる外交交渉によって日本権益の保持は到底期し難く、真に我が那人の満州における平和的経済活動を行う為には、理論的には先方が妥協せざる限り、満州において従前我が方の有する政治、経済、軍事諸般に亘る特殊権益を全部放棄してこれを解決する以外に方法はなかったと思います。

併しながら当時の昭和六年一月における幣原外相の議会演説、或いは同年四月若槻総理の地方演説にも見られる如く、我が政府の満蒙に期する所はまた斯の如き徹底せる方策を断行し得ないのみならず、我が国論はこれを許しませんでした。また実際問題としては、日本が万一満州より全面的に退去したならば、単に我が権益を失い、且在満邦人を死の関頭に追い込んだばかりでなく、当時既にソ支紛争にても認められた如く漸く極東に復活し来れるソ連の満州進出となり、その伝統の政策に鑑みまして、もし満州にソ連が進出し赤化の策源となりましたならば、満州の治安の確立を得ざるのみならず、日本自体からの国防を全うし得ず、支那又国防上重大なる関頭にたつものと云わざるを得ませんでした。

これを、日清戦役後の状態並びに日露戦争の原因に見るも明かであり、殊に日露戦争においいて米英が我を支持した所以も、また露国の極東侵略を抑止せんとするに在したものと言えましょう。従って当時の関東軍としましては、我が外交方策に要求をし、またこれを云々するということについては関係はなかったのでありますが、事変勃発、東北支那軍崩壊に直面しまして新たなる事態収拾に際して治安確立、満州防衛態勢の確立という点には重大なる関心を持った次第であります。殊に新事態に対処して対ソ防衛態勢の確立が軍事的に観て有利であるということは、関東軍として、司令官として十分に考慮せざるを得なかった所であります。

併し勿論対ソ防衛の確立であってこれを基地として対ソ攻勢を企図するということはなかったのであります。換言すれば満州の有利なる戦略態勢を活用して日支共同、ソ連の南下を断念さす、また外交交渉に無言の支援を与えんとするに外ならなかったのであります」

「満州建国は右軍事的見解とは別個に、東北新政治革命の所産として東北軍閥崩壊の後に創建せられたもので、我が軍事行動は契機とはなりましたが、断じて建国を目的とし、若しくは之を手段として行ったものではなかったのであります」

「また事変解決に当り、満州が支那から分離するということは、誠に情において忍び得ない所でありましたが、東亜安定の為には寧ろ満州における諸民族の趣向なり、活動提携を察知して多年に亘る紛争の禍根を解決するということが、軍事的にも戦争を終熄せしめ、究極は日支提携になるものと感ぜられました。

関東軍は従って、この軍事的見解に基き、速かなる治安の確立に恵念し、占領地行政も行うことなく現地官民による新国家の政治・経済等の内容には大なる関心はありませんでした。併し在住諸族の民族協和による紛争の除去と日支共栄のためには、日本自体先ず模範を示し、権益思想を去り、道義的に新なる構想を以て満州の安定に寄与すべきであるとの信念に基き、特に将兵の行動に自粛自戒を加えた次第であります。

建国がうまくゆきました為、後に至り手柄顔に建国は俺がやったとか、関東軍を通謀して計画したとか、軍官民の心なき徒輩が色々と申しましたが、満州建国自体は全く満州における歴史的所産であります。

民族協和の思想は今後も永く残ることと確信いたします」

石原は、満州建国を目的として軍事行動したのではなく、むしろ歴史的所産で、日本と中国が提携して政治、経済に当たるつもりでいたことを明言している。

少くとも昭和七年八月までは、満州国は日本、朝鮮、漢、満州、蒙古の五族協和の国家としてスタートし、于忠漢（元外語専門の教授で、日露戦の通訳官。昭和十一年に遼陽で病死）の政治思想を基として民間人で国づくりに励んでいた。

しかし、荒木貞夫陸軍大臣（六年十二月大臣）と政府は、満州を植民地化する構想を決めていて、関東軍の軍司令官をはじめ参謀長以下参謀を満州から一括して異動させた。参謀で残ったのは総務担当の中野良次（佐賀出身）のみで、板垣征四郎は奉天特務機関長に飛ばされ、関東軍から追い出された。

ここから、満州は日本から送り込まれた官僚と新しく赴任した関東軍参謀に支配され、植民地化する。

石原莞爾の処遇で難航し、定例より二週間も遅れて発令された八月の異動で、軍司令官は武藤信義、参謀長に小磯国昭、副長に岡村寧次、作戦担当課長に塚田攻、政策担当課長に原田熊吉である。誰一人、満州建国精神を引継ぐ者はいなかった。

この人事は、荒木陸相、林銑十郎教育総監、載仁親王参謀総長の三人で決定した。もっとも参謀総長はお飾りで、実権は真崎甚三郎次長がにぎっている。つまり荒木、林、真崎の、皇道派三人が実権を握っていたので、満州国経営失敗の元凶は、この三人にあった。

のちに、十一年二月の二・二六事件発生直後、戒厳司令参謀を兼任した石原が偶然にも荒木、真崎を怒鳴りつけたのは、皮肉なできごとだった。

本庄、板垣、三宅、石原らが建国した満州人による満州国は、満州人と小沢開作、山口重次ら在満日本人ら民間人で決定する機関「協和会」が中心になって満州国策を決定していた。だが昭和七年八月、板垣、石原らが追い出されたあとには皇道派系の軍人が介入し、石原が描いた満州人による満州国は植民地化された。

帰国した石原はまるで罪人扱いの如く部付になり、二ヵ月後には外務省出向という閑職に回わされた。のちに多田駿（昭和十三年参謀次長）から満州建国中に、「植民地化する構想が内地で決められていた」と聞かされ「なーんだ」と嘆いた。

石原の毎朝の妙行は、この頃から熱が入ってくる。

第8章

西山農場と百姓将軍

極東軍事裁判始まる

石原に代わって、片倉衷少将が「供述書」を極東軍事裁判所に届けたのは二十一年七月二十日前後である。逓信病院へは七月三日のあとでは十八日に訪ねている。この七月十八日（木曜日）の見舞いが最後となった。石原は供述書の内容を確認している。

五日後の七月二十三日、陰気なソ連の判事一行四名が、またも石原を訪ねてきた。この日は、石原の「供述書」について質した。内容の確認だった。そして「明日、供述書に署名するように」と言って退ち去った。

翌二十四日。ソ連判事の一行が再び来て、署名した石原の供述書を持って帰る。

極東軍事裁判関係者の尋問及び訪問は、記者の取材を含めて十六回に及んだ。これで解放されたと思ったが、翌年の四月、石原の供述書をめぐって、国際検事団の間でひともんちゃくが起きた。ＡＰ通信などアメリカの新聞記者の中にも、「こんな供述書如きですまされる問題ではない。あらためて裁判にかけて本人の口から吐かせるべきだ」という声もあり、市谷の検事団及び判事の間で取り沙汰され、酒田に臨時法廷を特設して尋問する方針を固めることになる。検察側が「満州における軍事的侵略」の立証に入ったのは昭和二十一年七月一日午後から八月六日までの正味十二日間である。その間、検事側の都合で約一週間他の部門の立証に入った。

まず、ダルシー検事が立ち上がり、冒頭で（以下要約）

「一九三一年九月十八日夜、陰謀者たちは奉天のわずか北方の南満州鉄道を爆破した。その責任は中国側に押しかぶせた。鉄道の破損は爆破直後長春から南下してきた列車の到着を妨げるには足らないものだった。この計画に備えて、この年の初め日本から砲兵が派遣されていた。この砲は偽装で、隣接した中国軍兵舎の間の戦略的地点に待機していた。爆破につづいてすぐこの砲が中国軍兵舎を砲撃し、境界線に待機していた朝鮮軍はこの軍事行動参加のため勅命なくして鴨緑江を渡り、駐在全日本軍は共同一致の行動をとり、国際連盟から派遣された調査使節の調査の出る以前に日本軍は満州占領を完了した」と述べ、さらに続けた。

「一九三二年春には傀儡政府は、以前の皇帝である溥儀をその首領として樹立された。この政府は関東軍によって統治された。この動きは日本軍と要職の過半数を占めている日本人で組織されている自治指導部によって促進された。日本は一九三二年九月十五日に新国家の独立を公式に承認した。これがまったくの詭弁であることは、日本の降伏にいたるまで満州政府を継続操縦し、統治してきたことに反映している。

これと同時に、関東軍は満州国の政治政策が関東軍司令官によって定められなければならないこと、日本人によって施政されること、溥儀は名目上の支配者であって権能を認めないこと、いかなる政治的団体もその政治に作用することを許さないこと、などを指令した。三、日本軍はさらに、侵略の手を熱河から内蒙古に進めた。この組立てられた絵巻物において、個々のすべての行動を、われわれは日本政府の公式の報告、被告の是認、共同謀議者の是認、および同時代の日本政治家や一級官吏の証言によって証明する」（朝日新聞東京裁判記者団『東京裁判』より要約）

検察側は文書約六十通を書証として提出し、証人四人を出廷証言させた。証言者は田中隆吉少将、清水行之助、幣原喜重郎元外相、そして八月十二日、ソ連検事団に言いふくめられてハバロフスクの収容所にいた溥儀がウラジオストック発の飛行機で羽田に到着し、キーナン検事と対面する。

キーナンの尋問は八月十六、十七の二日間に亘る。彼は「日本人は満州を奴隷化し、中国と南方を奴隷化し、さらに世界を奴隷化せんとした。三種の神器の剣と鏡を受け取って帰ったとき、家族は皆泣いた。これは私の一代の恥辱であった」「妻は吉岡中将によって毒殺された。神道は一方的に強制され、皇帝以下すべての満州国人の宗教の自由がなかった」と偽りの証言をする。また溥儀は、キーナンの尋問に対して、次のように全く偽りの証言もしている。これはキーナンが「どういう役についてほしいと言ったのか」の質問に対し、

「私が満州人であるため新政権の領袖になってくれと言った。そして日本は東三省に領土的野心はまったくなく、完全な独立政権を樹立すると言った」

「あなたは承諾したか」

「拒絶した。板垣は新政権を作るに当たって日本人官吏を採用し、満州人同様の官吏となりうることを要求したからだ」

事実の違いは、七年三月の満州建国のときには駒井信二総務長官を除き、他は総理から各大臣は全て満州人だったことである。さらに板垣は八月の異動で関東軍参謀からはずされ、参謀

本部直属の奉天特務機関長になったことである。日本の官吏が長春にくるのは、その後だった。なお溥儀は、彼の二作目の本の中で、「東京裁判での証言は間違いだった」と謝ったが、時すでに遅かった。この証言でもって、むしろ中国人の信用はガタ落ちした。正直に生き、東亜連盟運動に積極的に働いた多くの中国人指導者の顔に、ドロを塗る結果となる。

石原、西山農場に入る

手術はむしろ失敗で、かえって体調を崩した。八月八日、曺寧柱、新井克彦、水野外科院長らに手伝ってもらい、逓信病院を退院した。石原は括約筋の閉鎖不全症で起座が不可能になっていた。しかも、上野から鶴岡への二等車の切符が買えず、同志の家で一泊した。それでも渕上辰雄が圧死者が出るほどの大混雑の中、上野駅に行って切符の交渉をした。結果的には手に入らなかった。やむなくトラックで帰ることになるが、トラックが都合つかず、帰る手段がなくなってしまう。そこでさらに一日延ばし、十日出発とした。

ところが、今度は夫婦して食中毒にかかった。妻の銻子は激しく嘔吐し、石原自身も激しい下痢に苦しむ。もう一日延ばそうとしたが、車の手配もあり、夫婦は衰弱したまま、ダットサンのシートに横になった。それをトラックに牽引させて川越街道を北に向かった。途中吐き気がくると車を止め、ひと休みすると、また走った。それを繰り返して北に向かう。

宮城県名取郡の岩沼には東亜連盟会員の生き残りをかけた自給肥料普及会東部事務所がある。ここに着くまで何度も畦道で休憩した。それから暫くして、トラックに牽引されながら北に進む。鎌形浅吉最上支部長の岩沼に着いたのは夕方だった。石原夫婦は、酵素風呂に入り、夜はそのあと果実酵素を呑んだ。ようやく体力が回復し、十一時頃、畳の上で就床できた。

翌八月十一日は同志の家で一日休養し、ＧＨＱによって潰された東亜連盟会員の結束を呼びかけた。十二日の朝は岩沼の精華会員のために講演している。

酵素飲料のお蔭で体力を取り戻した石原は、岩沼でトラックに乗り込み、次の仙台に向かった。途中休憩を挟み、仙台から小牛田に出る。そこには、ダットサンに乗っていた曺と山口重次が先回りしていた。陸羽東線で新庄に着いたのは十時だった。ここで一泊して休養する。

その夜、石原は「我等の世界観」の原稿に取り組んだ。

十四日は水曜日。むし暑い朝である。朝食抜きの一日二食主義の石原は朝食もとらず一番列車に乗り込んだ。鶴岡には朝八時に着いた。同志に迎えられ、リヤカー二台に夫婦別々に乗り、稲穂が伸びた畦道を、森片にある佐藤幸一の別邸へ向かった。石原夫妻には家はなく、森片の佐藤幸一の別邸で静養する。

桐谷誠は、中古のラジオを石原のため買い求め、部屋に備え付けた。唯一ラジオ放送から流れるニュースのみが、この森片の仮の家に入る情報だった。したがって、溥儀が十二日東京に着き、キーナン検事と面会し、八月十六、七日の両日、市谷の軍事法廷で検事に有利な偽りの証言をしているなど、知る由もなかった。

鶴岡の夏はむし暑い。石原は、鶴岡から会津若松へ引越そうかと考え、同志に打ち明けている。若松は連隊時代にすごした青春の思い出の土地で、そこで農業をやろうと考えた。

ちょうどその頃、吹浦の桐谷誠から、西山の山林を切り開いて農場に使える、しかも西山の北になる吹浦海岸で製塩工場をつくり、塩を販売して現金収入が得られるからと、石原に、引越しを勧めた。この話は、すぐに鶴岡の加藤精三市長の耳にも入った。加藤は九月十二日、石原を訪ね、「引越しの引止め」に動いた。

　石原はすでに高畑の借屋を引き払っていて、持ち家も借家もない。鶴岡に戻ると森片の佐藤家の別邸に、そのあとは風間家に寄居した。すでに桐谷は西山に入植してきた仲条立一少年たちと、石原夫婦のため八畳の畳間、六畳板間という小屋と八角形の日輪兵舎の建設に入っていて、十月初旬には完成した。

　石原夫妻が、山林所有者桐谷家の砂地に建った小屋に引っ越すのは、昭和二十一年十月十二日である。この日が、石原の「西山入植」の日となる。彼は上半身裸になり、同志たちと松の抜根作業、鍬の打ち込みで開墾作業に汗水を流して働いた。

　ここには、口うるさい検事たちもＧＨＱの法務官たちも、足を運ぶことはなかった。

　しかし病魔は確実に石原の体を侵していた。膀胱癌は尿道まで塞ぎ、尿が出ずに苦しむ。

　逓信病院に入院中、蓮見喜一郎医師に石原は思わず「先生、東京に来たら、かえって悪くされた。治しにきたのでなく、悪くされた」と話しているが、東大病院は石原をモルモット扱いしていた。前述の発熱の時は、解熱済ですますという治療方法をとるなど、患者の石原との信頼関係は損われていた。

　その蓮見博士には、石原が鶴岡から西山に移ったあと関東軍副長時代の副官で、のちに主計局長となる高橋柳太が、石原の手術をお願いしている。高橋は戦後、銀座七丁目で日本旅館を経営していた。

蓮見ワクチンを応援する

高橋が蓮見を訪ねたのは蓮見の記憶では二十一年十月と十一月の二回である。最初のときは手ぶらでやってきて、「損はさせませんから。お願いします」と頭を下げた。しかし蓮見は「珠光会に来たから、行けない」と断わった。東京から鶴岡に出て手術するとなると、珠光会病院をあけることになるためだった。

十一月に入って、高橋はもう一度蓮見を訪ねた。

「ご損はかけません。ぜひ来て下さい」

この時は借金した十円紙幣三千円分をポケットから取り出した。蓮見はそれを見て逆情し、

「そんなものを見せびらかしたら余計行きませんよ！」と断った。

高橋は万事休す、と落胆した。淋しい思いで蓮見と別れた。

翌年一月。曺寧柱が、高橋に代わって蓮見を口説いた。曺は石原の病状がかえって悪くなり、このままでは医師に二、三ヵ月の命と告げられたこと、及び石原の近況を報告した。また曺は、蓮見がワクチンを造り、人癌ウイルスの正体を突きとめているのを耳に入れたので、蓮見にワクチンを使ってほしい、石原はテストのモルモットになると言っている、と伝え、「どうしても鶴岡にきてほしい」と口説いた。昭和十八年から患者の承諾を得てワクチンをテストしてきた蓮見は、「五年間テストして結果を出そう」と赤字を出しながらも研究を続けてきた。そろそろ成果を出したい時期にきていた。

二十二年の一月、蓮見は「高級モルモットになるなら行ってやる」と曺に約束した。

西山に入ってからは、鶴岡では慶応大医学部泌尿器科北川正淳教授の診察を受けていた。十一月九日、朝早くリヤカーで鶴岡へ行き、北川教授の診察を受けに行くが、どうしたことか、北川教授は不在だった。十日迄鶴岡にいるとの連絡を受けていただけに、石原の失望は想像以

上のものだった。やむなく西山農場の自宅でスルファミン剤やペニシリンを静脈注射する。

翌年一月三日。晝は蓮見喜一郎博士との約束をとりつけると、「一月中旬頃、蓮見博ト」と電報で知らせた。高橋柳太からも蓮見博士の日取りを知らせる手紙が届いた。それによると「蓮見博士十六日着」とある。

一月十六日は木曜日である。庄内地方は雪が降った。蓮見は晝に連れられて西山を訪ね、ただちに癌ワクチンを石原に注射した。しかし反応はなく、痛みが続いた。蓮見博士は、注射の反応がないことから、癌ではないと断定し、パビロムを取るため、手術することにした。しかし蓮見には手術場所がない。それで十七日午後一時、晝に連れられて鶴岡に出る。

庄内病院は日本医科大の系統で、手術室のことで斉藤外科部長に相談した。ところが斉藤部長は、手術室は貸すが、助手は貸せない」と冷めたい。蓮見は、「それなら仕方ない」と怒って、断念した。

次なる手は、木根淵の泌尿科医院を借りることになる。助手は木根淵本人が引き受けた。

庄内地方は、根雪が訪れはじめていた。

十八日土曜日は冷雨になった。石原は雨の中を傘をさして吹浦駅まで歩いた。起座は不自由だったが、二十分先の駅まで月光橋を気力で歩いている。

鶴岡では同志が経営する「きくち」に泊った。そこで、高橋柳太から、蓮見博士の手術が庄内病院で断わられ、木根淵医院で手術することになったいきさつを初めて聞かされる。十八日の日記は、病魔と戦う石原の悲壮感が読みとれる。

「十八日（土）、午後雨の中を吹浦迄徒歩。出鶴、きくち一泊。

高橋柳太、夜、告白、

庄内病院ヲ断リ木根淵医院ニ入院ニ決ス、
△渋谷、山口、桐谷、高橋、森国会合、
△三人熱談、ヤルカ否カヲ定ムルコトトス、山口等午後木根淵ニ移ル」
「十九日、出鶴。

カネテノ約束ヨリ庄内病院ニ対シ博士不満、木根淵医院ニ入院」

石原は鶴岡の「きくち」を出て、郊外にある木根淵医院に移り、入院し、二十日（金）に手術した。手術の様子を、蓮見喜一郎博士は、吉岡孝次博士との対談「アデノウイルスをめぐって」の中でこう語っている。

「木根淵という泌尿科の医院を借りて、そこの院長に助手をお願いして、私が執刀して膀胱を開いたんですよ。

輸尿管のふちに出来ている乳嘴癌《にゆうしゆがん》を全部はがして、バクレンで焼いちゃったんです。ヨーチンを付けて焼いて、きれいに腫物を持ち帰って、ウイルスを分離しましたが、乳嘴癌なんですよ。乳嘴腫が癌に変わって。そのワクチンをつくって三年は元気でしたよ。三年目に風邪から肺炎を起こして亡くなりましたがね」

蓮見喜一郎は二十日月曜日に手術を終えると、翌二十一日、鶴岡を発って東京に戻った。

石原は術後、寝たっきりで、発熱に苦しんでいる。麻酔薬はなく、手術中も術後も苦しかったと見え、二十二日から二十六日の五日間、日記をつけていない。

抜糸は二十七日だが、傷口の縫いが悪かったのか、手術の傷口が割れ、連日発熱に苦しむ。三十日に、曺寧柱がパビロムワクチンを東京の蓮見博士から受けとり、新潟経由で鶴岡に持ち帰った。それからパビロムワクチンの注射開始である。

蓮見博士は翌日、鶴岡に再びやってくる。曺は居ても立ってもおられず、空手道場の稽古を休み、ひと足先に東京を発っていた。師匠のために尽す曺寧柱の情熱と道義には、同志たちも頭が下がった。「曺先生」呼びして、両手を合わせている。

二月。

二日と四日、ペニシリンを注射する。手術後の注射は、四日が三回目で、この日は第一回目のワクチンを注射した。

蓮見喜一郎は鶴岡にいて、ワクチン効果を試している。その効果は順調に現われてきた。三十七度九分の熱は連日続いたが、六日は小便がモレなくなった。また八日には、起きられるようになり、昼食をとっている。

甥の嫁の中村静子が、叔父のため自宅から中里介山の「大菩薩峠」を病室に持ってくる。その前に吉川英治の「太閤記」を持ってきて、看護婦の小野克枝が傍で読んであげた。石原は地図を広げて聞き入る。

熱が引いたのか、二月二十二日には三十七度四分まで下がり、二十六日には三六度六分と平温に戻る。そのあとは検温した様子はない。曺寧柱が米軍関係者から手に入れたペニシリン注射は、二月二十日と二十四日に、蓮見博士の手で行われた。

木根淵医院を退院するのは三月九日、日曜日である。午前中に退院すると、「きくち」に落ちつき、久しぶりに入浴した。昼食をとったあと、木根淵院長、蓮見博士や同志らに見送られ、鶴岡駅を発った。余目、そして最上川の鉄橋を渡り、酒田経由で遊佐の吹浦駅に着いたのは夕方の四時半である。すでに辺りは暗く、寒い。

駅には西山農場の同志たちが出迎えにきていて、中條立一や武田邦太郎らが持ってきたリヤカーに乗り、月光橋を渡って西山開拓村の自宅に帰った。

未来の農村と農工一体

西山開拓村は、山形県飽海郡高瀬村である。現在は合併で遊佐町。日本海に面した砂丘地で、通称この一帯の砂丘を西山と呼んだ。三五〇町歩の松林は防砂林の役目をしていて、所有者は桐谷誠である。彼の父親は、持っていたバス路線を処分し、そのお金で西山一帯の不毛の松林を買収し、その一部を石原に提供した。

松林を下りると日本海が広がる。桐谷誠は横浜高等商業（現在の横浜国立大）から東京高商（一橋大）に入学。卒業後は、理化学研究所に入所して終戦を迎え、元満州建国大教授で、横浜商高の岡野鑑記校長から石原を紹介され、東亜連盟運動に興味を持ち、師弟関係になる。石原は若い桐谷をいつも「誠君」とか「誠」と親しく呼んでいる。実子のいない石原にとり、桐谷誠は自分の子供同然で、師弟というよりも、親子関係に近かった。石原が「農工一体」の村を創ろうと、構想を打ち明けるのは、病状を悪化させて逓信病院に入院中のことである。

石原が蓮見ワクチンで余命二〜三ヵ月と言われた命を取り戻した体験を、新聞又は雑誌に発表しようとしたのは木根淵医院を退院後である。

ところが、蓮見博士によると、どこで論文発表準備を知ったのか、東大及び高橋明（その頃逓信病院院長）らが揉み消しに出た。体験談を発表することで何が不利益になるか、石原には想定外である。新しい発想と科学の進歩を望む石原は、ワクチン治療によるガン克服を日本中の人に知ってもらいたかったのである。それは戦後医学の朗報であった。自らモルモット体験を知らしめるのが目的だった。決して高橋明教授ら東大及び逓信病院を誹謗するものではなかった。結果として、蓮見への圧力を考慮し、論文発表は中止するが、一時的ではあったが、石原は命を取り戻していた。

石原の農工一体、簡素生活のベースになるものは、彼が武官としてベルリンに留学していた時に見たドイツのシュバルツバルトやスイスの農村風景である。

遊佐中学校の体育館には、今も鳥海山及び山麓、裾野、その下の田園地帯、もっと下がって月光川、西山農園を描いた、稲垣志行の二百号の油絵がある。この絵は二科会会員で漂白の画家、稲垣志行が、石原の理想の農工一体の村を描いたものである。石原の指示、アイデアを基に描かれている。詳細に見ると、鳥海山の裾野はホルスタイン乳牛が放牧されている。牛舎があるところからすると、牧場主の住居も傍にあるのだろう、赤い屋根の家が点在している。

田園には、真横に一本、レールが走っている。しかも電気機関車らしく、無煙の車輌が、上ぼり下だり線を走行中である。現在は単線だが、ここでは羽越本線は複線になっている。田園も今日のように小さな区割りではなく、一つが二、三町歩単位に区割され、しかも耕運機が入っている。

農村の風景は、全て二階建ての家。しかも屋根は赤瓦、壁はドイツ南部の農村に見られる白い壁である。

また現在の遊佐駅一帯には、四階建ての白いビルの他に学校や民家がある。隣りの駅も似たような集落で、いずれも清潔感がみなぎっている。上空には旅客機が飛行している。

月光川沿いの農村は、単なる農家ではなく、一階は精密機械工場らしく、どの家も二階建てである。

その頃、石原及び同志の間で、ミシン工業と自転車工場を建てて製品化して売ろうという構想が具体化していた。そのことについては後述するが、石原の農工一体は、軍需産業でなく平和産業、それも家内工業で可能な精密工業を、各農家に取り入れ、父親は朝早く畑仕事をしたあと、昼間は工場で働き、母親と子供が野菜づくり、乳牛飼いなど、農作業に従事する姿を描いていた。一例がスイスの農村で、時計など精密器具を扱った家内工業が盛んである。そこで現金収入を得、田畑でとれる野菜、食物を自給自足する。これが、石原の理想的な農工一体の村造りだった。何よりも都会の汚れた空気でなく、澄んだ空気の下で健康に生活することを、彼は願っていた。

この稲垣の油絵の中に、新しい、小さなものを発見した。発見者は遊佐中学の女教頭先生だった。

「右上に、飛行機が飛んでますよ。あっ、左端の上にも……」

よく見ると、鳥海山の上を、旅客機が飛んでいた。一機は秋田方面を向いている。もう一機は、羽田方面であろう、右を向いている。

「飛行機の時代がくると予見していたんですね」と角田校長が歓声を上げた。

画家稲垣志行が西山農場に石原を訪ねるのは昭和二十一年十月十九日である。稲垣もまた喰い詰めていて、流れ流れて、夫人と一緒に石原を訪ね、西山入りしている。

昭和七年の満州国建国のときから協和会総務部長で、また東亜連盟会発起人の一人、山口重次は『悲劇の将軍石原莞爾』の中で、

「情味の濃やかであったことは、転じて任侠となり、同情となり、隣人愛となり、同胞愛、同志愛となり、すすんで人類愛となり、東亜連盟愛となり、軍人でありながら平和愛好者となっ

た」と石原を評している。稲垣夫妻は、そうした石原に助けられる。

西山農場にはその後、北海道から鹿児島まで各地から総計二十八名が入植し、新しい村づくりを始めた。

この地には、古材を使って八角形の日輪兵舎が二十一年五月頃から建てられ、入植者たちの修練道場になった。入植者たちの共同生活の場であり、近隣の同志たちも農作業の後この日輪兵舎に集まり、歌や踊りを練習したり、遠くからきた人が宿泊するなど、多目的に利用された。戦後コミュニケーションがない頃、日輪兵舎は互いの語りの場となり、同志関係を強めていく。

満州、吉林省の鐘紡農場にいた武田邦太郎（のち参議院議員）が満州から引揚げ後、石原を訪ねたのは、昭和二十一年十月二十八日である。武田は鐘紡から鹿児島での仕事に誘われていたが、石原の西山農場に入ることを決める。西山農場入りするのは十二月三十一日、大晦日の夜だった。

ミシン工場と製塩事業

石原が西山入りして一ヵ月後のことである。帝石山形鉱業所が庄内で石油の試掘に成功した、とのニュースが新聞で報道された。石原は新聞を切り抜き、日記に切抜きを挟んで大事に保存した。新潟で石油が出るなら庄内地方にも鉱脈があるだろうと予想していたが、その予想が当った。新聞報道は朗報だった。しかしモノになるほどの結果は出ず、あくまでも試掘に終った。

桐谷誠の製塩業の計画と併行するように、同志の間でミシン製造計画が持ち上がった。二十一年十二月二十六日、西山では「ミシンの需要は多くなる、ミシン工業を起業しよう」と激しく議論した。その日は時間が足りずに物分れとなるが、製塩工場の建設を考えていた桐谷誠と、ミシン製作工場を急ぐべしと提案する安藤徳次郎との間に意見が対立するシーンもあり、事実上分裂した。

分裂後の二十二年の春、吹浦海岸の岩場での桐谷の製塩工場の建設が始まり、事業化する。しかし当初は売れたが、次第に需要が減り、製塩業は失敗に終る。

ミシン工場の件は、石原と袂を分かった安藤が、田川郡農業会のため、大日本機械の古屋幹雄らを紹介した。古屋は、農村出身の代議士山本武夫と会い、二人はミシンにかわって自転車工業が有望と勧め、次の新しい計画に入った。

安藤はミシン工作機械を購入してミシンを製作しようという計画から、今度は自転車工場に切りかえ、投資した。だが山本が二十二年四月の第二十三回総選挙で落選すると、自転車工場計画は坐礁する。安藤は投資分を回収できなくなった。

分裂したとはいえ、桐谷も安藤も、石原の「農工一体」実現に向けて試行錯誤していた。ただ市場調査と販路、そして国民経済復興のテンポより二歩も三歩も前を走ったため、需要につながらなかった。

石原が木根淵医院に入院中、満州や中国本土からの引揚げ者が帰国し、石原を訪ねる人が増える。武田邦太郎の他に、満州帰国者が満州の事情を伝える。しかし石原は感情に出さず、静かに聞き入っていた。

昭和二十二年二月二十三日は、庄内地方は豪雪に見舞われた。田村真作と共に、北京で中国東亜連盟協会を創立した稲葉正三が、入院先の石原を見舞った。ようやく熱も平温に下がっていた。稲葉は静岡県人で、中国女性と結婚し、一女をもうけていた。戦時中の昭和二十年三月、上海から日本に渡り、東久邇宮と繆斌との和平工作のため上京していた石原と会った。繆斌は単身だったが、稲葉は前後して東京に出ている。

石原が上京するのは、二十年四月二日夜である。鶴岡を夜の九時三十分に出て、上野には翌朝三時に着いた。

千代田区麹町の日本舞踊家で五條流創始者五條珠実の家が東亜連盟東京本部になっている。和平工作に失敗した繆斌は五條の家に匿られた。石原に会ったのは三日午後である。

石原の上京の目的は、東久邇宮に組閣を進言するためだった。小磯国昭を副総理にして二人で和平を実現させることにある。繆斌の和平工作が、重光外相、米内海相、木戸内相らの反対に合って実現できなかったため、石原は四日朝、東久邇宮に会い、三度目の組閣工作に入った。終って盟友の阿南惟幾とも会い、あとを頼んでいる。

また、朝日新聞の太田照彦記者がその前の四月一日に鶴岡の石原を訪ねているが、その時に繆斌工作の失敗を聞かされたのだろう。石原にしては珍しく、モンペ姿に下駄き姿で二日月曜日の夜行に乗り上京している。

稲葉正二も繆斌と一緒だったのだろう。むしろ通訳を担当していたものと想われる。

石原は稲葉に、「敗戦が近いから、延安か重慶に行って、それぞれの要路に東亜連盟の結成を説くべきだ」と切望した。

北京に帰った稲葉は、北京に潜入していた重慶軍第十戦区司令部付の男と女工作員の三人で北京を発ち、中国軍の司令部がある河南省界首という所に着き、第十戦区司令長官の何国柱将軍と面会した。そこで稲葉は石原莞爾の意向を伝えた。

何国柱は石原の著書及び南京で中国語版として発行されている「東亜同盟」の雑誌を読んでいて、石原論文に共鳴する将軍の一人である。

蒋介石と何国柱に手紙を書く

稲葉が「重慶に行くこと」を熱望すると、石原は同意する。そして重慶側に石原の意向を伝えてくれることを喜び、歓待している。だが八月十六日、稲葉は中国で日本の降伏を耳にすると、「全ては遅かった」と悲観し、沙河の濁流に身を投げた。

幸い、女工作員に助けられ一命を取り戻し、その後中国名の葉居正を名のる。

一方の何国柱は満州の東北行営参謀長に補され、満州に出向いた。

何国柱は出発前に、東久邇宮及び石原あての手紙を稲葉に托した。その後、稲葉は北京で、何国柱からの指示を待った。だが八路軍と戦ったさい、何将軍は失明したという報らせが北京に入り、それ以後会うことはできなかった。

その後、稲葉氏は中国人の同志の世話で第一戦区司令長官部北京弁事処に籍を置き、胡宗南将軍を知り厚遇を受け、二十一年夏、胡将軍の命令で、敗戦後の日本へ出張している。

稲葉が日本に帰り、石原と会うのは入院中の昭和二十二年二月二十三の寒い日である。この時、何国柱、胡宗南両将軍から預かっていた手紙を手渡している。石原はすぐに、何国柱、胡宗南、そして蒋介石に手紙を書き、北京へ戻る予定の稲葉に托した。

次の三通がその手紙である。いずれも二十二年二月二十五日付になっている。

○何国柱将軍への手紙

「拝啓。

日本降伏後、稲葉氏に御托しの芳書拝読、深く感激致し候。敗戦日本の現状は天刑により日に日に惨状を加へ居り候も、我等の同志は此機会に於て正しき日本を建設し、東亜の再興に寄与することのみが、貴国始め東亜諸国に対し犯せる大罪の方分の一を償うの道と存じ候。将来一層の御指導を賜り度御願申上候。　敬具」
○蒋介石閣下への手紙。
「拝啓
未だ拝眉の栄を得ず、しかも今次世界動乱の起因と相成候、満州事変の重大責任者の身を以って一書を捧呈する非礼、平に御寛容賜り度候。事変を契機とし、日本の貴国に対する態度を根本的に改め両国真の提携を実現し度く努力し、日華事変後は国民より相当の支持を得るに至り候ひしも、微力遂に破局を防止し得ざりし事、誠に慚愧の至りに御座候。敗戦後は同志一同、貴国を始め東亜の諸民族に対し日本の犯せる大罪を恥じつつ真に正しき平和日本の建設に努力致し度、具体的活動を開始し、日本国民の大いなる共感を得候ひしも不幸、占領軍当局の理解を得るに至らず今日に及び候。
併し我等は至誠一貫、目的の達成に邁進致し度き所存に御座候。降伏後、主席閣下の日本に示されたる高き道義に徹せる寛容無比の御態度に対しては、八千万国民のひとしく感激おく能はざる所に御座候。将来とも一層の御指導を賜り度く伏して御願申上候。　敬具」
○胡宗南将軍への手紙。
「拝啓
未だ拝顔の光栄を得ず候も、承れば日本敗戦後、我等の同志は閣下の甚大なる御庇護により、信ずる所に向ひ活動を許され候由、同志一同の感謝おく能はざる所に御座候。葉居正（注、稲葉正三の中国名）帰国の好機に際し、謹んで御礼中上候。尚、将来一層の御指導を賜り度御願中上候。　敬具」

稲葉正三はこの三通の手紙を預り、中国に帰る予定だった。ところが中国本土では蒋介石の国民党軍と毛沢東の八路軍との交戦が激しく、中国に帰ることができなかった。稲葉正三はなんとしても三通を手渡したく、島田という知人に頼んで持参してもらった。三通のうち蒋介石主席と胡宗南司令長官には手渡したが、何国柱司令官とは連絡がとれず、手渡しできなかった。その後、誰かが、何応欽あての手紙と思い違い、手紙は台湾に逃げ込んだ蒋介石以下国民党軍に渡り、何応欽に届けられた。

しかし、時すでに遅しで、アメリカ軍に支援されて抗日戦を展開し、和平交渉を蹴ってきた蒋介石軍は、のちにアメリカからも見捨てられた。

第9章

極東軍事裁判酒田法廷

酒田での裁判開始前夜

酒田商工会議所は、南に最上川と庄内平野を見下ろす酒田市本町五丁目の高台にある。東へ坂を下ると左手に本間本家の旗本二百石の屋敷がある。昭和九年、商業と工業が合流して商工会議所となるのを機に、場所も五丁目に二階建ての白亜のモダンな近代ビルを建てて移った。

戦時中は、酒田市公会堂が強制疎開により取り壊されたため、商工会議所二階ホールは、講演やコンサートなどいろいろな催しに使われた。

極東軍事裁判が二十一年五月三日から、東京市谷の陸軍省大講堂で開廷した十ヶ月後の三月二十二日、西山農場の石原の家に電話が取り付けられた。東京の同志からは東京での軍事裁判の様子が電話で短く伝えられるようになる。

四月に入ると、石原を呼び出して証人尋問の法廷を開く、との知らせが東京から石原に伝えられた。

石原がクローズアップされるのは、二十一年四月四日の裁判審議で石原の供述書が問題になってからである。板垣征四郎を審議中に「石原を市谷の法廷に呼び出して尋問する必要がある」と、板垣の弁護人から要求が出ていた。

石原の呼び出しが決定するのは二十二年四月二十五日である。尋問は、石原の西山の家で判事と検事、弁護人が立ち合いのもとで行われると聞いていたが、そうではなかった。

先に動いたのは板垣の義弟で陸軍大佐の大越兼二である。大越は石原に証人として出廷してもらうよう、のちに赤城農相の秘書となる佐藤信一を酒田に派遣した。それを聞いた東京のニュース撮影隊が、四月七日、極東軍事裁判が行われると早とちりして、佐藤を追って吹浦駅に到着し西山農場に入った。ニュース班は八日にもカメラ機材を持ち込んで待機した。しかし不発に終る。

四月十二日。今度は石原の病状を確認するため、酒田から二人の警官が来て石原と接見した。佐藤信一や警察官の接見から、石原は東京に行ける状態でないことが報告されると、酒田での出張裁判に変更される。

場所捜しのため、先発隊として法務官のハガード中尉と弁護士の佐々川が、酒田警察署の車で吹浦に出たのは四月二十八日である。佐々川もハガードも「さぞかし豪族のように山城で生活している」ものと想像していた。ところが案内されて入った六畳と八畳の家を見て、呆然として立ち止った。

ハガードは「うさぎ小屋かね」と聞き返した。佐々川は首をうなだれ、帽子をとった。

「これが、将軍の家とは――」

佐々川は言葉を失い、引きかえした。酒田市役所に行き、本間市長に「何処か広い部屋はないか」と相談する。市長は、「それでしたら商工会議所がある」と、二人を案内した。

二人は二階の広い部屋を見たとき、この建物を臨時法廷にすると決め、東京に電話で知らせた。それからは二人の指示で、市役所職員が机と椅子を並べ、法廷をつくる。

ハガード中尉は中央の壁の方に判事席を設けた。その前に四個のテーブルと椅子を向かい合わせ、日本の速記者、通訳官の席とした。証人席は、速記席を挟んで判事席に正対した。

判事側に向かって左側が検事席、右側が弁護人席である。後方のテーブルが外国人記者用で、そのうしろが日本人記者席だった。

石原、リヤカーに乗って仲間と出廷

四月二十九日夜、東京駅を発った八輛編成の特別寝台列車が仙台、青森、秋田経由で酒田駅のプラットホームに着いたのは、翌四月三十日の朝七時三分である。

この特別列車は皇室御用列車で、食堂車輛、応接室もある。また各車輛は寝台になっていて、裁判中はホテルがわりに利用している。

乗客は極東軍事裁判調査委員会が派遣したエリア・ノース・フロスト判事、ダニガン検事、国際検察団調査員のエリック・フライシャー検事、弁護側は、板垣征四郎担当のマタイ弁護士、星野直樹と南次郎担当のジョージ・ウイリアムズ、土肥原賢二担当のフランクリン・ウォーレン弁護士、鈴木貞一担当のレブイン弁護士。日本人弁護人は、板垣担当の阪埜淳吉弁護人、南次郎担当で今回の首席弁護人の岡本敏男弁護人、大川周明担当の金内良輔弁護人。それに法廷執行官のハーレク中尉、言語裁定官のアートピー・ドレター少佐。

その他裁判速記者、執行官、フランス料理のコック数名とボーイ、それに日系二世の通訳官たち。報道関係はAP、INS、米軍紙『スターズ・アンド・ストライプ』紙、中華民国・中華通信社、中央日報、全国紙では朝日、毎日、読売、東京の記者、カメラマンなど総計二十三名。東京では買い出し列車に乗れず事故死する人も出る終戦直後にして、豪華な列車旅行であった。一行を本間市長が出迎えた。

一行は酒田駅から迎えのバスで商工会議所に着いた。二階に上がると、ハガードの指示でレイアウトしたテーブルと椅子を確認した。判事のノース・クロフトは、並べられたテーブルと椅子を確認すると、小さく頷いた。

彼にとっては最も小さな法廷だったが、明日から争われる尋問と、まだ見ぬ石原という、たった二万の兵で二十二万の張学良軍を破って満州全土を征服した軍略家に、早く会いたいものだと思った。判事らの一行は、その後本間市長の案内で、日本海を見下ろす湯野浜温泉に出かけ小休止し、温泉気分と料理を味わい酒田駅へ戻った。

尋問委員や判事たちが湯野浜温泉に行ったのを見届けると、日本の記者たちは石原に会って取材したくてタクシーをチャーターし吹浦に出た。そこから月光橋を渡り、砂山を歩いて西山農場へ急いだ。すでに午後四時前だった。

石原はリヤカーにのり、酒田へ出かけるところだった。ベルリンで買ったウール地でつくった自称ドテラに羽織を着、その上に黒の外套を肩からかけている。頭には古い戦闘帽をかぶって防寒している。

顔はこけて細く、青白い。顎には白い山羊ヒゲが伸びていた。開腹手術から三ヵ月たっていたが、尿の出が多く、十五分おきに鮮血混じりの尿を出していた。左手首には大事にしている古い腕時計を巻き、右腕を処置器具の入ったトランクの上に預けるようにして置いている。この日も三十八、九度近い熱が出ていて、寒けがした。尿瓶は膝にかけた毛布の下に隠し、いつでも用たしができる状態だった。

出発前に、中央日報の張記者が、「あなたは中国語が話せますか?」と訊いた。

石原は張記者を見上げると、鋭い眼で見つめて、得意のジョークで、

「まあ、中国語より日本語の方がよく喋れる」と言った。

機先を効かせたこのひとことで、記者たちはどっと笑い、その場が和んだ。カメラマンたちがシャッターを切る。そのたびに、石原は話すのを中断した。

石原を乗せたリヤカーは、酒田中学を出たばかりの仲條立一と小松健作に曳かれて、月光川に架かった木製の月光橋を渡った。風が吹き、人数も多かったせいか、木橋がぐらっと動いた。

付添いの看護婦の小野克枝は父親が福島県棚倉の医者で、一家で石原の病いを見ていた。小野克枝は山形新聞の記者に聞かれて、石原の病状をこう語っている。

「療養第一です。好きな読書をやる気力もみえないようです。医療としては、乳嘴腫のワクチン注射、主治医蓮見博士特製剤になる肝臓ホルモンの注射など、それぞれ日を違えて五日目毎にやっています。……腹部切開の大手術による貧血がひどく、長時間の会話などできません。きのう二十九日も血尿が出たほどですから」

その体で、リヤカーで月光橋を渡り、酒田警察署長が独断で差し向けた署の車に乗りかえた。明日からの長い尋問に備え、酒田ホテルに入った。

酒田法廷第一日

「酒田ホテル」とは名ばかりで、商人用の和風二階建ての旅館である。石原と付添看護婦の小野克枝を乗せた酒田署の車がホテルに着いたのは、夕方五時三十分頃だった。

夕食後、首席弁護人の岡本敏男（南次郎担当）と、板垣担当の阪埜淳吉弁護士、それに大川周明担当の金内良輔、南次郎担当のアメリカ人弁護士のウイリアム・マコーマック、松岡洋石の弁護人フランクリン・ウォーレンなど六名と、ホテルのロビーで尋問裁判の進行を打ち合わせた。二日間と聞いて、石原は体調が心配になった。石原は、六人に訊いた。

「なぜ私は戦犯にならなかったのかね」

すると、六人とも、顔を見合わせて沈黙した。

「証人ではなく、戦犯にしてくれないものかな。言いたいことがあるんだ」

「しかし将軍。私どもは弁護団でして」

「そうか」

裁判進行を打ち合わせた一行が帰ったあと、いつものように九時に就床した。尿の出はよくないが、それでも三十分おきに尿意を感じた。痛みが襲い、一睡もできなかった。

五月一日は木曜日である。酒田は朝からどんよりと曇った。石原は軍隊時代の習性で、毎朝六時に起きた。それから外套を羽織り、用たしを終える。部屋に戻ると、皮バンドの腕時計を左手首に巻き、お茶を呑んだ。いつも朝食抜きで、この朝も朝食はとらなかった。

小野克枝は、石原の顔が腫れぼったくなっているのを見て、前夜眠れなかったな、と思った。

石原はリヤカーに乗せられて九時二十分に臨時法廷に着いた。二階へ上がると、中央の肘当て付きの椅子に着座した。看護婦の小野克枝は、腰が冷えないように西山農場から持ってきた花柄の毛布を膝から腰にぐるりと巻いた。石原の左横には特別に許された小野克枝が椅子に坐った。以下は二日間の要約である。

全員が着座すると、法廷執行官のハンレー中尉が英語で開廷を宣言し、酒田法廷にいたった経緯を説明した。通訳がそれを伝える。それが終わると、ノース・クロフト判事は、暫く石原を見詰めて、「証人は、英語が話せるか」と太い声で尋ねた。

すると石原は、例のジョークで、

「日本語なら、ちょっぴり話せる」

とからかった。すると法廷内に笑いが走った。これが最初の、判事とのやりとりである。判事は石原に「尋問に入る前に、何か言うことはないか」と水を向けた。

その時、この機会を待っていたかのように、いきなり言った。

「ある！　満州事変の中心は全てこの石原である。事変終末は錦州爆撃である。この爆撃は石原の命令で行ったもので、責任はこの石原にある。しかるに、石原が戦犯とされぬことは腑におちない。だから話は少々長くなるかも知れないが――」

すると判事とダニガン検事は、石原の発言を止めた。ダニガン検事は甲高い声で、

「証人はそんなことを言ってはいけない。証人はこっちで尋ねたことに、イエスかノーかと答えるだけでよい」と畳んだ。

石原は、東京での軍事裁判が戦犯の抗弁もなくＧＨＱの思う壺にはまって筋書き通りに進行して一段落を見たところを、開けっ放しでズバズバと言って裁判を引っくり返してやるつもりでいた。逆にダニガンも判事も、石原に新事実を出されまいと、満州事変での証言以外の発言の口封じに出た。

石原発言に釘を刺したダニガン検事は「日華事変を担当した国際検察団調査委員のエリック

・ブライアン少尉を検察団側に加えたい」と判事の許可を得た。

判事は、石原の供述書の読み上げも「東京で行うから省略する」と言って中止し、「ダニガン検事に振り向けた。ダニガンが石原の住所、氏名、年令などを確認すると、日本人の弁護団に初めて発言が許され、まず日本人首席弁論人の岡本敏男が立ち上がった。彼は冒頭に「張学良軍の軍備について質問した。石原は太い声で答えた。

「張学良配下の全軍隊は、大体二十万ないし二十五万の兵力であります。奉天軍以外の約十五万人位の兵力の装備は余り良くありませんでした。しかし張学良直属の奉天軍の約十万の兵備は、当時としてはすこぶる優勢なものでありまして、満州に駐屯しておった日本軍に比べてはるかに立派な装備を持っておりました。当時、日本軍は一機の飛行機も持っていないのに対し、奉天軍は相当持っておりました」

岡本「その作戦の中には、飛行場を占領するとか、奉天の兵工廠をとるとか、ということも入っておりましたか」

石原「兵工廠に関しては何らの計画もありませんでした。ただ飛行場に対しても、最初はなんらの計画を持っていませんでしたが、昭和六年八月に、木庄中将が着任後、計画を変えまして撫順の中隊をもって、これを奇襲させることにしたのであります」

石原は、撫順の川上中隊長の苦悩を語った後で、張学良軍の中でも、最も排日色の強い王以哲について答弁する。王以哲軍を訪問した時、石原が見たものは、壁に貼られた「近来わが国は隣に非常な圧迫を受けているから、我々は異常な決心をもってその攻撃を排除しなければならない」という王旅団長訓示のビラである。

岡本は、満州事変直前の張軍の行為を石原に証言させている。石原は遠慮なく語る。

「北大営のすぐ西側にある鉄道に対して、ひんぱんに妨害行為を行うのであります。ちょうど満州事変の始まる一週間前も、北大営の兵隊数名が大きな石をもって、夕方レールの上に上げておったのを、日本の巡察兵が発見したのであります。一人の支那兵を捕えて近くの分遣隊に連れて行こうとしますと、奉天の西方にある北陵に夕涼みに行っていた支那兵の一隊が、それを奪い返そうとして、あわや血を見ようとしたのであります」

石原は「見よ、兵営西側の鉄路を」という中国語のビラも発見したこと、王以哲軍の飛行機が、威嚇するように居留地や兵営上空を飛行し、日本と張軍との間には緊張感が高まり、マッチをすったら爆発する寸前だったと、事変前の満州の状況を話した。

岡本はここで、木戸幸一関係の質問に切りかえた。昭和十三年一月、石原が父親の急死で帰国したとき近衛首相と会ったかどうかである。論点は、石原から近衛に、板垣を陸相に薦めたかどうかだった。石原ははっきりと、「なかった」と証言する。

日本弁護団は、満州事変が起きる状況を石原から説明してもらい、事変当時の板垣の指示があったかどうかに触れようとした。その時判事は「質問の範囲外に延びている」と打ち切り、ダニガン検事に振り向けた。

その間、石原は尿意を感じ、何度も溲瓶《しびん》に排尿していた。

ダニガン検事に「日本は中・陸軍国だった」

ダニガン検事は、石原の供述書を手にしながら、語意を強め、

「関東軍の作戦参謀として、内地の新聞を読まれることがありますか。日本の軍備あるいはそ

れに類似した事柄を、内地の新聞は取り上げておりましたか」と質問した。
石原はその時も「この男は戦争を知らない、戦争用語も知らん、ピントはずれの質問をするヤツだな」と見抜いた。そしてこう言った。
石原「軍備は書けないことが原則です」
ダニガン「新聞を通じて、陸軍力あるいは海軍力を、世界各国のそれと比較して、いかなるものであったか、知っておったか」
石原「われわれは一応、担当専門的に、一応知っておりました」
ダニガン「海軍国としての日本の勢力は？」
石原「当時は英米の六割の主力艦と約七割の補助艦艇を持つことができたのでありますが」
ダニガン「日本は世界一の大海軍国と？」
石原「勿論です」
ダニガン「そして日本は一大陸軍国と？」
石原「いや。中・陸軍国でしょうな」
石原が茶化した。するとダニガンは、「日本は、軍備は全然なかった、ということですか？」と、ちんぷんかんぷんな質問をする。
それで、石原は真面目な顔で、またも「中・陸軍国です」と答えた。
この時、初めて、法廷内に笑いが起きた。ダニガンは、咳払いして、気をとり直し、「支那の軍備という事に関して、あなたは何らかの知識を得られましたか」と質問した。
すると石原は、「相当の知識を吸収しております」と答える。
ダニガンは石原の供述書に眼を通したあと、張学良と南京政府との関係に切り換え、

「奉天付近における張学良軍の士気は非常に熱烈なもので、南京政府は東北軍には何らの統制力を持っていなかった、とあるが、この二点をどう思うか」と質した。

以下は二人のやりとりである。

石原「それは何らの矛盾はありません。学良の軍隊が強いことと、南京政府の統制力が学良の軍隊に及ばなかったということは、ひとつも矛盾はありません」

ダニガン「あなたは自分の都合が良い時には南京政府は東北軍に対して何らの統制力を持ってない、と言いましたが事実ですか」

石原「私は自分の都合で良いとか悪いとかいうことで言っておりません。私の見たことを客観的に判断しております。先ほど言いましたように、半独立状態にある張学良は、自分の都合の良い時には南京のいうことを聞き、都合の悪いときには、なるべくそれを聞かないのでありますす」

ダニガン「張学良は南京政府に忠誠心を誓ったと述べられている。あなたの答えと、私の今引用した部分と、どう結びつけるか」

石原「中国の旧官僚の忠誠心というものは、余り信頼できないものがあります」

尋問は十一時前に一時休憩となった。石原はリヤカーに乗せられて再び酒田ホテルに引きかえした。昼食をとり、尿の処理をして、法廷に入ったのは午後一時三十分である。外は雨になっている。メーデーの紅旗が雨に濡れていた。遠くでメーデーの叫び声が聞える。

「作戦よろしければアメリカに敗けなかった」

午後からの尋問は外務当局と関東軍との関係に集中した。ダニガンは、「関東軍が満州に駐留しておれば、将来ソ連との、事ある場合には有利な地位を占めると思われたのですか」と質問をした。

石原は、この歴史オンチの検事に、ムカッとした。そしてこう言った。

「それは問われることが逆であります。よろしいですか。日本は日露戦争の結果、満州に駐在権を獲得したのでありまして、その結果、ソ連が満州に入ってきたならば、それに対抗する有利な地位にあったのであります」

ダニガン「満州に駐在しておった日本軍の唯一の権利は、鉄道の警備にあたることではなかったのか」

石原「文字の上の権利は、鉄道の守備・関東州の防衛であります。しかし、もしもソ連が満州に進攻することがあったならば、日本は迎え撃って戦ったろうということは、当時の国際情勢上、世界の常識であった」

どう見ても、一枚も二枚も石原が上である。ダニガン検事は、歯がたたなかった。ついに判事から「尋問に戻るように」と言われて、「命令指示は誰が出したものか」と問うた。

石原は、「天皇の命令を奉じた参謀総長です」と、きっぱりと答えた。ダニガンは、「指示は、陸軍大臣を通してか」と問う。

すると石原は、「そうではありません」と、日本の統帥権を説明する。しかし理解したのかどうか、ダニガンは、

「非常に劣弱な装備の日本軍は、一旦ことある場合には、奉天を衝くだけの武力を備えておったのか」と尋問し、日本軍の計画の有無に入った。

その時だった。石原は、大平洋戦争にまで言及したのである。

「それをやって死中活を求める以外の作戦は不可能でありました。それで我々は兵力の増強を要求したが出来ませんでした。我々は最善を尽して任務を達成しようと努力したのである。もとより戦争の勝敗は予想されませんが、訓練よく団結よく作戦よろしければ、必ずしも兵数の劣弱を恐れるものではありません。例えば今次大平洋戦争において、日本の戦力はアメリカに対して非常に劣弱でありましたが、作戦よろしきを得れば、必ずしも敗北するものではなかった、と私は信じています」

すると突然、法廷内が凍結したように静まり、やがて動揺に変わった。日本人記者団の間で、ざわめきが起きた。体を起して聴き耳を立てる者、速記の手を走らせる者など、ＧＨＱの軍政下にあって「石原が作戦をとれば敗れなかった」と受けとめる、何者も恐れない石原の作戦論に、法廷内は騒然となった。日本人記者の中にはウンウンと頷きながらメモをとる人もいた。

判事の注意で、ダニガンは質問を変えさせられる。

「将軍、私は簡単な質問をしたい。この質問にノーかイエスかでお答え願いたい。日中の関係において、板垣と話したことがあるか」

すると石原は、「十何年前のことですから、まあ然りと答えておきましょう」

「奉天の領事館と話されましたか」

「話しません」

「なぜですか」

「私は領事館と接触する任務ではないからです。それは全て板垣大佐の任務です」

「板垣と領事が話したことは知りませんか」

「知りません」

「満鉄線路を爆破したか、どの程度の損害だったか、イエス、ノーで答えて下さい」

「日本には生憎、被害の程度を表現するのにイエス、ノーという言葉はありません」

この時、法廷内に笑いが起きた。ダニガンの顔がまっ赤になった。ダニガンは、線路の爆破後、奉天攻めを平田大佐に命令したか否かの核心に入った。石原は、

「板垣大佐と平田隊長の考えは一つになっていて、板垣大佐は指導する必要はなかった。平田大佐がもっとも勇敢に攻撃を決心したものと信じます。指令を与えたものではありません」と断言した。

初日の論点は、奉天攻撃に、板垣大佐が指令を下したか否かだった。石原が「命令は発していない」と断言したことで、勝負ありだった。ダニガン検事は、重病の石原の熱弁と論理、記憶力に、今さらながら舌を巻いた。

こうして午後四時、初めの尋問が終わる。外は春雨である。メーデーの「婦人に休養と文化を！」「青年に自由と力を！」のスプレヒコールが法廷内にも聞えてきた。

石原はリヤカーで雨の中を旅館に戻った。判事、検事、弁護人らはバスで酒田駅に引き揚げ、ホテルがわりの客車の、白いテーブルクロスの食堂車でビールを呑み、ステーキに舌を打った。

「マッカーサーは敗戦国の精神を侮辱しておる」

その夜の六時前である。ＵＰのカリシャ、ＡＰのホワイト記者と通訳官が見えて、石原にインタビューした。石原は逃げなかった。石原は二人に、

「これからの私の話は、日本で発表しないでほしい。恐らくマッカーサー司令部の検閲にひっかかってあなたたちの本国には届かないはずだから」と断った。

アメリカの記者は、「石原が作戦をやればアメリカには負けなかった、と言ったが、どんな作戦をされたでしょうか」と質問した。石原は、ちょっと顔を伏せたあと、

「少々言葉がすぎたかな。五分五分の持久戦になって、断じて敗戦ではない、という意味だ。ソロモン、ビスマルク、ニューギニア諸島を早々に放棄し、資源地帯防衛に転じ、西はビルマ国境からシンガポール、スマトラ中心の防御線を構築し、中部は比島の線に後退。他方本土周辺およびサイパン、テニャン、ガムの南洋諸島を難攻不落の要塞にし、何年でも頑張りうる態勢をとると共に、外交的には支那事変解決に努力、傾注する。日本が真にサイパンの防衛に万全を期していたなら、米軍の侵入は防ぐことができた。五分五分の持久戦となり、断じて敗けていない、ということだ」

するともう一人の記者が、

「マッカーサー軍政は大失敗であると言われましたが、いかなる点ですか」と質した。石原は、その理由を、

「その第一の理由は、敗戦国の精神を侮辱していることだ。君らは武力で少しばかり日本より強かったからだ。精神の問題ではない。それに勝った国が負けた国を奴隷的扱いをするということは大きな誤りだ。

失敗の第二点はマッカーサーは過去の日本軍がやった軍政と同じことをやっていることだ。

第三点は、民主的な平和団体である私どもの東亜連盟を解散させたことだ。マッカーサーも東条軍閥と少しも変わらない。その権力的なことは、東条よりはるかに強圧である」

記者の取材を見ていた仲條立一は『永久平和』誌にこう書き残している。

「澄んだ目と独特の笑顔で、冗談と皮肉を連発して一同を哄笑させながら、鋭い批判を展開し、聞く者に深い感銘を与えたように私は見た。別れぎわに、記者の中には、将軍に抱きつかんばかりにしてサンキュ、サンキュを操り返して、感激を表現する者がいたことを記憶している」

翌二日も小雨となった。石原と小野克枝は開廷十分前に証人席に着いた。

判事は着席すると、「昨日に引続き、検察官の尋問をどうぞ」と言って進行した。

ダニガンはこの日も、満州事変前夜での板垣の行動を追及した。質問が重復するシーンがあり、石原は「前に申し上げました」と言って相手にしないことが数回あった。そのたびにダニガンは気をとり直して、質問を変えた。

「誰が建川少将を奉天に呼んだのだ？」

すると石原は唖然とした。余りにも軍組織に無知だったからである。それで石原は、

「建川は、当時参謀本部の部長ですよ」

とだけ答えた。ダニガンは、反応しなかった。

「それでは、本庄将軍が九月十九日に奉天に到着したあと、参謀将校、幕僚の集まりがあり、その会合で、動員を決定したのではないのか」

と尋問した。

この「動員」という言葉の意味をめぐって、トラブルとなった。石原は「動員ではありません。言葉を注意して下さい」とダニガンに言った。ウォーレン弁護人も立ち上がり、「軍全体の行動を起こす、という言葉と、英語の動員との間に非常な相違がある」と判事に異議を申し出た。判事はダニガンに注意し、尋問を続けさせた。

「いや、スモールハンマー」

石原とダニガンとの間には表現をめぐってのやりとりが続く。そのひとつが、「敵に対して断固たる鉄槌を下すべきであるといっておるが、実行されたのか」と質問した時である。石原は、茶化すように、

「余り、大鉄槌でもありません。中鉄槌かも知れません。槌が小さかったのです」と答えた。それを通訳官が「スモールハンマー」と訳したのである。すると外国の弁護団や速記者の間で爆笑が起きた。ノース・クロフト判事までが口もとを押えて笑っていた。

通訳のユーモアが引き起した爆笑シーンは、その後、石原の熱弁の引き金となり、それ以後の法廷は、石原のペースになった。奉天攻撃の戦闘状況の押し問答が続くが、その度に石原に軽くかわされる。判事は質問を戻させた。尋問は終盤になり、ダニガン検事は朝鮮軍の越境を突いてきた。以下は二人のやりとりである。

「国境を越えて軍隊を運ぶには何が必要か？」

「天皇の命令です」

「昨日、あなたの作戦計画には、朝鮮軍を満州へ移すことが含まれておりましたね」

「含まれておりません。そういう権限を我々は持ちません」

「天皇の裁可を経ておりますか」

「朝鮮軍の軍司令官は裁可なしに、満州に兵を出したのであります」と事実を述べる。さらに、「錦州の爆撃は、石原自ら行ったもので、石原は、市内の兵舎から射撃を受けたので、止むな

く私は低空に降り、爆撃をし、続いて全機爆撃するようになってしまったものです」

二日目の朝は、十時四十五分に十五分間の休憩が入った。石原は、溲瓶《しびん》をつかって排尿した。血尿が出ていた。疲れで熱も出ていたが、それでも石原は熱弁をふるった。満州建国と自治指導部、板垣の関与を突いてくるが、石原は
「板垣はほとんど関係ありません。むしろ、板垣氏は二、三の不平を私に訴えたことがありました」とかわした。

この満州建国と自治指導部への板垣関与の有無をもって、ダニガンの尋問は終了する。その時、正午を知らせる鐘が聞こえ、判事は、

「これをもって出張尋問を終ります。速記録は、後日まとめて極東国際軍事裁判所に提出します」と終了を宣言した。

裁判が終ったあと、ダニガンは石原に歩み寄り、「ゼネラル、つまらない尋問をして、すみませんでした。サンキュ」と握手の手をさしのべた。それを石原が握りかえし、

「いや。一向にお役にたたなくて、お気の毒でした」と笑い返した。

酒田法廷の内容は、五月十四日から、二日間に亘って市谷の東京裁判所で発表される。まず、石原の供述書が読み上げられる。十五日は、初日二日に亘る出張尋問速記録が、ダニガン検事が検事側の尋問文を、マタイス弁護人が石原証言の部を、交互に朗読して正午に終了した。

五月十六日付の読売新聞は、「重病の身でありながら、作戦施策よろしきを得ば今日の敗戦もなからんと喝破し、時に犬猿の仲だった東条英機の欠陥を責める等、速記録はかつての関東軍知将とうたわれた面目を躍如たらしめた」と報道している。

第10章 西山農場に理想郷づくり

CIC情報員、監督す

酒田での特別臨時裁判が終っても、GHQは情報将校を使って石原莞爾の行動を監視し続けた。

当時GHQの参謀長（サザラン中将）の下には、人事・庶務担当の第一部、情報・治安担当の第二部、作戦担当の第三部、設営・補給担当の第四部があった。情報・治安担当のウイロビー少将第二部長の下には、公安課と対敵諜報部隊（CIC）がある。このCICの隊長はソープ大佐で、一般に陸軍情報部とも言われ、各県庁所在地に情報班を置いていた。これを略してCICと呼ぶ。

五月三十日。この日は金曜日である。このところ酒田は晴天が続いた。しかし石原は前日から三十七度から八度の熱が出て食欲がなかった。この日の午後、突然二人のCIC情報将校と日系二世の通訳官が吹浦駅から歩いて西山の石原宅を訪ねてきた。将校は石原が甘い物が好きなのを知っていて、箱入りのチョコレートを持参し、プレゼントしている。石原はチョコレートを受けとると、八畳間に三人を上げた。何もない部屋に三人はびっくりした。

この日も、石原の毒舌はいつもと変わらない。初対面の三人に、いきなり、

「君たちはお見舞いと称してやってくるが、本当はマッカーサー司令官の命令で監督にきたんだろう？」と言った。

将校は慌てて、「監督なんて。本当にお見舞いです」と手を振った。

「それで、今日は何を聞きたいかね」

「将軍は今でも、中国にいる岡村寧次大将と連絡をとって、東亜連盟運動を復活させようとしているという噂ですが、本当ですか」

石原はラジオや新聞で、支那派遣軍総司令官の岡村が南京にいることは知っていたが、その後の消息は知らない。

岡村は支那派遣軍総司令官として、派遣軍の他に台湾の第十方面軍、北緯十六度以北の仏印の第三十八軍、海軍の支那方面艦隊をも統括していて、終戦後の九月六日、国民党の重慶軍総司令官との間に降伏文書に調印し、二百万人の将兵及び民間人の帰還に成功した。

その後、戦犯として重慶政府に逮捕され収監されたが、刑期を終えて帰国後昭和四十一年九月に死去する。アメリカの二人の将校が石原を訪ねてきた時は、戦犯として南京で裁きを受けていたさなかであった。おそらく、何応欽も何国柱も『東亜連盟』誌の愛読者であったばかりか、周恩来同様、信仰者の一人だった。その関係で、東亜連盟運動の話が、重慶から南京に移った国民党政府の間で広がったのだろう。

ちなみに重慶軍にはアメリカ人のバトラー准将らが顧問をしていて、情報は南京から東京のＧＨＱへ伝わっている。

石原は二人の将校が東亜連盟の組織が何かを知らないふうだったので、解散までの経緯を話している。

東亜連盟は昭和十六年、東条英機首相により弾圧を加えられ、解散を命じられた。しかし阿南惟幾次官が間に入り、名称を東亜連盟同志会に変えて存続した。しかし戦後は昭和二十一年一月四日、ＧＨＱは「好ましくない人物の公職よりの除去に関する覚え書」を発表、軍国主義の指導者の官公職よりの追放、超国家主義（右翼）二十七団体の解散を指令した。二月には公職追放令、五月には教職員追放令、十二月には労働界の追放令を出した。

さらには、二十二年一月四日公職追放令が改正され、言論界、地方公職にまで拡大し、追放された者は二十万人を超え、失職していった。石原の東亜連盟はその姿を酵素普及会に変え、旧同志を結束した。石原はこのことで怒って、二人のアメリカ軍の将校に言った。

「我々は、東亜連盟同志会が解散を命じられたことを非常に不満に思っている。我々の同志はこの命令が不当であることを占領軍司令部に強く抗議しているのだが、どうも分かってもらえない。しかし陛下のお考えで、日本はポツダム宣言を受諾したのだから、解散を命じられたら解散する他ないのだ。抗議することは堂々と抗議するが、陰でこそこそするような企みはやらない。安心してくれ。大体、岡村寧次は帝国主義者、侵略主義者だが、私は平和主義者だ。連携などできるわけがないではないか」（武田邦太郎『永久平和の使者』より）

すると将校の一人は通訳官を通して、「東亜連盟運動とは、何をするのですか」と質問した。

石原は、「それを知らずにきたのか」と怒ったあと、続けた。

「ま、いい。誤解されると困るから話しておこう。仮にだ、カナダがお隣りのアメリカの言うことを聞かないから軍隊で押さえつけ、無理やり言うことを聞かせる。ブラジルがアメリカに反対するからB29で叩く。もしこんなやり方をすると、日本と中国の古来の言葉ではこれを覇道主義というのだ。しかしアメリカが自分より力の弱い国に対して謙虚な態度で相手が心から納得できるようなやり方で共存共栄の道を進むなら、このやり方を王道主義という。『大を以て小に仕える』という言葉がある。力のある者が力のない者のために、謙虚にその幸福のために尽す。仕えるというのは相手が満足するまで誠心を尽すという意味だ。これが王道であり政治の理想とされている。東亜連盟運動は近く世界が王道によって一つになり、永久平和が実現することを確信する人々の本質的な意味での平和運動である」

「これからの時代は、階級問題よりも民族問題が大きな意味を持つようになるだろう。民族自決主義では、永久平和は実現しない。満州建国や東亜連盟運動で核心的重要主義を持った民族協和こそ、王道主義の現代的具体化である。これは日本だけの運動ではない。東亜諸民族の中に、数百人の異民族の同志がいる。君らは、君らの祖国であるアメリカが覇道主義であった方が良いか、それとも王道主義であった方が良いか、どっちだ？」

二人の将校は返事に困ったが、その場の雰囲気から「王道主義がよい」と答えた。すると、「君たちはなかなか頭が良いな」と石原は誉めたあとで言った。

「我々の方が王道主義に徹し、君らの方も王道主義になってくれれば、世界は担々として永久平和へ前進だ。ありがたい。そこで君らに頼みがある。帰ったらマッカーサー司令官に言ってくれ。東亜連盟運動は実に素晴しい平和運動だ、すっかり感心した。あれを解散させたのは重大な間違いであったから、至急復活させるべきであると。君らなら、それがやれると思うのだが——」

「ジェネラルは何を言ってもかわない。東亜連盟では、どういう運動をしたのですか」

「簡単に言えば、日本と支那両民族の共同の経営地である満州国の独立を認め、日本、満州、支那三国が提携する。そのひとつが、国防の共同だ。国防は米英、ソ連に対して共同で東亜の天地を守る。二つは経済の一体だ。共栄共存を目的として極力共通にして、経済の一体化を図る。第三点は政治の独立。日本、満州、支那三国は、おのおのその国の特徴において政治は独立し、お互いに内政には干渉しない。こういう条件だ。

そして王道の精神に基いて、全く精神的に提携して行こう。それならば我々も賛成できる。それならば我々も心から満州国に全力を尽くそう。そういう風に、三千万人の満州人の知識階級は、私共に共鳴してくれた。

そうした東亜連盟を、マッカーサーは解散させた。これで日本に民主的な国体はなくなってしまった。我々はマッカーサーも東条軍閥も、少しも変りのないことを知った。しかもその権力的なことは、東条よりもはるかに強圧である。

マッカーサーは軍政の批判を厳禁している。そして軍政を批判すれば、ただちに処罰しているが、石原が声を大にして批判していると伝えるがよろしい」

ＣＩＣの将校との会見は、上り列車がなくなる前まで話していたから、相当長時間だった。彼ら三人は「列車の時刻に間に合わない」と言って中座して帰った。

その後ＧＨＱ関係者は、八月二日に極東軍事裁判所の事務官他二名が女性通訳と一緒に西山農場の石原を訪ね、裁判記録に署名させる。そして尋問が終ったことを伝えた。

石原は、東京裁判の様子を新聞で知っていただけに、むなしかった。板垣の無罪を信じてやまなかった。だから彼は事務官二人に「私は百まで生きる。マッカーサーが帰国したら出席してヒットラーを弔う演説をやる」と大法螺を吹いて笑った。

「オレは百まで生きてやる」

この頃の石原は、蓮見喜一郎博士が東京から山形県鶴岡市に出てきて、ワクチン注射をうち、いくらか体力を取り戻した。体調が良い時は農場に出て同志たちと鍬を打ち込んだ。

七月四日、蓮見喜一郎は再び鶴岡に着くや、同志の佐藤が経営する料亭「きくち」に、癌療養所を開院したいと相談し、ただちに準備に入った。しかし鶴岡市の医師たちや、また藤島小学校の同級生で医師の鳥海克己からは「あれはヤマ師だ。大事な石原の体をまかせられない」と誹謗されるなど、鶴岡での療養所開業には風当りが強かった。

当の石原は、東大病院や逓信病院でまともに治療が受けられず病状が悪化し、外科医が信じられなくなっていて、蓮見の癌ワクチンに賭けていた。

蓮見の癌療養所が料亭「きくち」に開院するのは二十二年十月一日である。その前の九月二十二日に、西山農場にきた蓮見は石原に癌ワクチンを注射し、検査した。その結果、九月二十五日に発赤し、明らかに膀胱癌と診断した。

癌ワクチン注射は二十七日に第二回目を行った。その後は四、五日置きに注射した。すると熱が引き平熱に戻った。その間、同志たちの血を輸血してもらい、体力を回復している。

九月二十三日は西山農場で初めての稲刈りが行われた。石原は鎌を持ち、同志たちと稲刈りに精を出した。

二十九日は第二回目のワクチン注射を行ったあとだが、この夜は中秋の名月の日である。天気は不運にも一日中曇り、月は出なかった。それでもこの夜は、石原家の八畳間を舞台に、入植者や遊佐町、旧東亜連盟の会員たちが集り、月見の宴が催された。これは武田邦太郎らが中心になって「皆んなで石原将軍を慰めよう」との動機から企画された宴である。

日輪兵舎では、同志たちが、夜になると昼間の農作業の疲れを忘れ、田中智学脚本の日蓮の伝記「船守弥三郎」や佐渡の「阿佛房」の物語の劇を稽古し、石原夫妻の前で披露、発表した。

東京・木挽町の歌川平次郎は江戸火消し「め組」頭領だが、「め組」の株を十万円で売り払い、廃墟の銀座から西山農場に移り住んでいた。その妻歌川庸子は三味線だけは身肌離さず、東北の寒村に夫と共にやってきて慣れる農作業を手伝った。その三味線を、この夜の月見の宴の場に持ち出し、石原の前で撥を当て弾き、歌った。

満州からの引揚げ者鈴木和子と黒沢秀子は吹浦神社から借りてきた白の狩衣にドンスの袴姿で、桐谷敏子、桐谷八重子の「海ゆかば」の声に合わせて踊った。

この他バイオリンを弾いたり、ハーモニカを吹いたりして、楽しい月見の宴を盛り上げた。板の間の椅子に腰かけていた石原は、声に出して拍手喝采を送った。

月こそ出ない夜だったが、皆んなで手を叩き、歌い、そして踊った。なかでも、新井克輔のハーモニカ演奏は、曲目が「青葉の城」と「荒城の月」に変わると石原は姿勢を正して聴いた。

土井晩翠作詞、滝廉太郎作曲の「荒城の月」は、作詞の舞台が会津城である。会津は意地を張って指揮官板垣退助の軍と戦い、城を焼失するが、庄内は西郷隆盛の「中止・撤退」で戦火から救われる。庄内生まれの石原はこの不運な会津の連隊で青春期をすごしており、思いは深い。

二十一歳の青年、新井克輔が「荒城の月」をハーモニカ演奏した時である。石原は突如として、「春高楼の、花の宴、めぐる杯、影さして」と涙を流しながら声に出して歌ったのである。

この夜の石原は、膀胱癌の痛みを忘れていたかのようだった。

西山農場には二十八名が入植していた。満州からの引揚者や、火消しの「め組」棟梁の権利を売って引越した歌川夫妻や、北は北海道から南は鹿児島まで、石原を慕う同志の男女が移り住み、農作業で共同生活を営んだ。二科会の稲垣志行夫妻は子連れであったが、皆んなと日輪兵舎で一緒に寝起きし、なれない体で農作業を手伝ったり、絵を描いたりした。

二十二年八月、GHQによって解散され、同志の結束を固めた酵素普及は壁に突き当たっていた。原因は、農林省が肥料製造に踏み切り、酵素にかわって「化学肥料」が全国の農家に普及されはじめたからである。政府の農業政策に押し切られて、酵素普及会は先が望めなくなる。

東大農学部で農政学の権威者、武田邦太郎が満州から引揚げ後、西山に入植したことは、石原にとっては何よりも救いだった。武田はのちに国会議員となり、田中角栄内閣では日本列島改造委員の一人になる。

西山村づくり憲法

西山農場では、今後同志を救うため、椎茸栽培を普及することにした。鶴岡に住む同志の本間昌平が椎茸栽培のため会社を作り、普及しようと提案すると、八月三十日西山では関係者が集まり、二〇万円を出資して椎茸協同組合をつくることを協議、決定する。

九月には、石原の考えを武田がメモし、文章化した「西山村づくり憲法」略して西山憲法が誕生した。普及を担当したのは婦人部長の淵上千津で、千津は九月六日、埼玉からの入植者三名、栃木県から入植して間もない一名に対して、「西山憲法」を講義した。

二十八名の集団生活を営む「西山憲法」の骨子は、次のようになる。

一、我等は日蓮大聖人の信仰により、日本および世界復興の先駆となるべき理想農村部落を建設す。部落建設が物心両面に於て略々《ほぼ》完成の域に達したる時、部落名を改めて「わとう村」と呼称す。

二、我等は等しく日蓮聖人の御子なり。互の人格を心より合掌し、寸毫《すんごう》も軽侮離反の心なく、必死異体同心の聖訓に副ひ奉る覚悟なり。

部落は大むね五戸で、隣組が五ないし六個で構成され、重要会議は部落会で協議した。耕地は全て「わとう村」の村有とし、隣組単位に共同経営して食糧の自給を図ること。現金収入は、工業で得ること、など、石原の「農工一体」の理想農園を実現するテストパイロットである。

部会長には武田邦太郎が就任した。医療面では毎月一回、石原を診察にくる蓮見喜一郎が、鶴岡から往診にきて、治療した。

西山の集団生活は、共同生活、共同炊事である。食事の仕度ができると、鐘の合図によって全員が食堂に集まり、都合のよい者から食事した。

武田は集団を松組と桐組の二班に分けた。松組は東へ二十分先の松林に入植し、それぞれの家に住んだ。桐組は桐谷家の近くに住んだ。松組は歌川夫妻など、農業はさっぱりできない都会育ちのインテリが多かった。桐組は地元の農家出身者が多く、農業には玄人であるが、理論を苦手とした。この二つの組は時に、些細なことで衝突することがあったが、武田が間に入って仲裁している。

しかし、青年たちの間で不満が爆発し、共同炊事の無理を言い出す者も出てきた。松組・桐組の二つの隣組が感情的になって、言葉も交わさない日も続く。部会長の武田は両組がうまく行くため、月に一度、全員が日輪兵舎に集まり、親睦を組める機会を作った。

また女性たちの間では、生活研究会をつくって問題解決をはかった。

毎週二回会合をもった。水曜日は部落常務会を行い、村の運営について協議し、西山憲法を声をたてて読んだ。土曜日は週例会で、日曜日は休養にあてた。

しかし作物は生き物で、毎朝毎晩、砂地に水をかけた。現金収入は、吹浦の製塩業で売り上げたり、冬は薪を割り、それを売って収入にした。しかし大川忠吉工学博士指導による製塩業は市場のニーズに合わず、次第に売れなくなる。ミシン工場の部品製造も需要がなかった。ミシン製造販売会社とのコネクションがなかったことも、行き詰りの原因だった。

それでも石原は、都市解体、農工一体、そして皆農による簡単生活を、この西山農場で取り組んだ。梅雨前には甘藷苗から藷ツルを切りとり畝に埋め、土をかぶせた。石原も自から褌ひとつになり、藷の苗植えをした。この甘藷は西山農場の冬の保存食糧として重宝した。

西山農場では当時から、砂地で陸稲を研究している。月光川の向うは庄内米の米所だが、自給自足のため陸稲栽培に取り組んだ。二メートルもの茅の根を抜き、そこを耕して稲モミを播き、散水して育てたが、余りにも砂地のため保水力がなく、失敗に終っている。

収穫した野菜や藷は、遊佐町の農家で米と換えたり、吹浦から本荘に沿った漁村で魚と換えたりした。一見して、江戸時代と似た自給自足の生活だが、集まった同志たちは共同生活を楽しんだ。

そうしたさなかの二十二年十一月、社会党政権の片山哲内閣は、公職適否審査委員会の審査による仮指定を発表し、十一月三十日付の官報で公表した。妙なことに、その中に顧問石原莞爾を含む東亜連盟関係者も指定人物となった。

昭和二十三年一月四日、東亜連盟関係者は軍国主義者としてみなされ、公職から追放された。

顧問の石原をはじめ、衆議院議員の木村武雄理事長、理事の中山優、満州経済五ヵ年計画を立てた宮崎正義、常任委員では柔道家の牛島辰雄、大学教授の杉浦晴男、和田勁、原玉重、読売報知政治部記者の高木清寿、弟の石原六郎、編集主任の淡谷勇蔵、その他東北から九州までの各地区の責任者、さらには「大東亜戦争に思想的根拠を与えた」理由で白土菊枝、東亜連盟に参加していた市川房枝の二名も該当者と見なされた（「阿部博行著『石原莞爾』下巻）。

病床で市川房枝の話を白土（小泉）菊枝から聞かされた石原は「そう、市川さんも東亜連盟に関係ありと睨まれましたか。ほほ」と眉を寄せた。

この公職追放が解除されるのは昭和二十七年、吉田茂内閣のときで、石原の死後二年半後のことである。

眠れることの喜び

昭和二十三年の新年の冬は豪雪に見舞われ、厳しい冬を迎えた。西山農場へ入植した者の中には初めての冬を迎える者もいて、日本海からの冷めたい風の中で、じっと耐える日が続く。それでも武田は現金収入のため松を切り、薪にして全員手分けして売り歩いた。石原には「一万円ほどのお金になる」と安心させるが、現実にはそこまで行かない。製塩業もミシンの下請けも軌道に乗らず、投資した金を取り戻せず、石原が描く理想的な農村づくりは、序盤で躓く。

石原の体調は、癌ワクチン治療と同志からの輸血で快復するが、相変わらず出血はひどく、貧血状態が続いた。四月になると熱は下がったが、この頃から眠れぬ夜が続き、睡眠薬を服用するようになる。

四月十七日（土曜日）の日記には「眠れることの喜び」をこう書いている。

「昨夜久シブリニ眠ル、午前気分ヨカリシガ、午後少シ苦シム。鎌形治療ノタメ来リシモ遠慮シテカヘリシ由、高木、黒崎三人」

四月十八日（日曜日）、昨夜一睡モセズ、今日気分アシク乱不正、高木君ノ治療ハシマル。

四月十九日（月曜日）、昨夜眠薬ヲ用ヒ、大ヒニ眠ル、今日日中モウトウト。

二十日（火曜日）昨夜モ薬ニテ少シ眠ル、高木君ノ判断ニヨレバ肋膜ヨリ起ル微熱、胃下垂、泉山三六」

それでも石原は、若い同志の間で作られた精華会で講演を続けたり、武田邦太郎や小泉菊枝、曺寧柱、増川喜久男など元東亜連盟のブレーンに「マルクス主義は科学に負ける」とマルクス主義の終焉を予言し、一時間半ほど講議している。

熱は時に三十九度近い高熱が出て、苦しめられる。そうしたさなか、癌ワクチン治療に入った蓮見喜一郎博士の鶴岡癌療養所は、医師会の反対と病院の経営難から、二十三年八月に撤退した。石原は蓮見喜一郎の研究に自らモルモットになって協力し支援し続けたが、医学界の圧力に屈して鶴岡を離れた。それ以後、石原の癌治療も中止される。同時に、石原の体調は悪化していく。ようやく癌ワクチンの効果が出はじめたところだけに、石原は無念の涙を呑み、見送ることもできなかった。同志たちから蓮見喜一郎の出鶴の様子を聞いて知る。

蓮見が鶴岡を発つ日、石原は桐谷誠を通して、彼が大事にしてきたカメラ「ライカⅡ」を謝礼として寄贈した。政府からの恩給手当てを打ち切られて無収入の石原にできることと言えば、満州事変以前から身離さずに大事にしてきた愛用のライカを贈ることしかなかった。

蓮見が東京に帰ってからは、吹浦の院長菅原や藤島小学校同級生の鳥海克己など旧知の医者による輸血、パピロームワクチン注射で命を継ぐことになる。

この頃の石原はすっかり体重が落ち、食欲もない。神経痛はひどく、不眠の状態が続いた。膀胱内のパピロームが大量に脱落するたびに、激痛に襲われる日々をすごす。寒天状の血塊がどろっと尿官から排出されると、そのあとで大量の出血が続いた。このため貧血状態になり、同志の同型の血を輸血注射して命を継いだ。病状は癌ワクチンを注射できなくなってから、さらに悪化した。

辛じて、激痛に苦しむ石原を救ったのは、妻、銻の霊気療法や指圧だった。銻は昭和十二年春、夫が多忙な参謀本部作戦担当の第一部長の頃、東京荻窪にある石川道場に通い、霊気療法を修行していた。この頃から神経痛に苦しんでいた夫・莞爾の治療に当たってきている。

元東京医科大学看護部長の青木利津子の「石原莞爾を支えた妻・銻の生涯」(『吉見女性史研究会紀要』)によると、「霊気療法は精神統一して病人と向かい合うと、その人の病巣部分と苦痛の部位が的確に判断でき、その部位に手をかざしていると、療法者の霊気が入り、次第に苦痛が緩和される」。

そして妻・銻の治療の様子をこう書いている。

「石原がなぜ尿閉から来る激痛に耐えて来られたか、それは銻のお陰だと側近の誰もが認めている。石原は来客がある間は痛みのある顔や苦痛の態度は決して見せなかったため、客は苦しむほど痛みがあるとは思わず、つい話し込んで帰るのである。夫がその間大きな声も出せず苦しみを耐えている姿を銻は見守り、お客がいなくなると直ぐに黙ってスーッと患部に手を当てて、霊気療法を施すのである。銻の霊感が強ければその分だけ夫の痛みが緩和され、楽になるが、銻の身体は霊気を取られて療法が終ったあとは消耗して疲労困憊となった」

鋳は西山農場の、八畳と六畳板の間、トイレと風呂は外にある質素で清貧な生活の中でも、一人で来客者を接待し、時には食事も作ってもてなしている。

しかしお客が帰ると、看護婦の小野克枝と一緒に、排泄機能が止まった尿の処理や、手術部位から漏れる尿を拭きとっては腹帯を交換した。尿の出が悪く、体調が崩れると浮腫のため両足は丸太棒のように腫れて太くなった。腫れると起居は不可能になる。鋳は夫の足が普段の状態になるまで長時間、指圧とマッサージを施した。

そんな鋳には、喘息の持病があった。西山農場に移ってからは、寒さと住宅事情の悪さもあって、喘息の発作に襲われることが多かった。その時は、夫の莞爾が背中に手を当て薮式治療を施した。「よし、よし、よし」と言いながら優しくあやして、発作をやわらげるのである。

砂丘の西山農場の自宅前では養鶏をしていて、鋳は生み落とされた卵を集めると農場の人たちに分配してやったり、落ち葉や松ぼっくりを集めてはダルマストーブに放り込んで暖をとったり、食事用の燃料に使うなど多忙だった。

その鋳が疲労がたまって病床についた。幸い看護婦の小野克枝が二人の看病に当たっていたが、九月二十二日には、近くの桐谷誠の家の二階に移り療養している。

石原、月見会で荒城の月を唱う

その四日前の九月十八日は、恒例の月見会が石原家で行われた。昨年と違って満月が輝き、昼間のようになった。この夜も同志たちが石原を慰めようと、踊り、歌った。

五條流宗家、五條珠実（本名小森ツネ）は、日蓮聖人の御遺文、

「如説修行鈔にのたまわく、天下万民諸乗一佛乗となりて妙法独り繁盛せんとき、万民一同に南無妙法蓮華経と唱えまつらば、吹く風枝を鳴らさず――」と「讃如説修行鈔」の振りつけを披露したかったが間に合わず、告別式で弟子七人と一緒に舞っている。

歌川庸子は今回も三味線に撥を当て、粋な音を聞かせた。黒沢秀子たちはこの日のために、日輪兵舎に集まり、日蓮聖人の伝記「船守弥三郎」や佐渡の「阿佛房」の物語を劇化して練習し、月見の会では、ようやく仲間と披露することができ、誉められる。

この年も、圧巻は新井克輔のハーモニカ演奏だった。なかでも土井晩萃作詞・滝廉太郎作曲の「荒城の月」が新井のハーモニカ二重奏で演奏された時だった。板の間の椅子に尿器を挟んで腰かけていた石原は、眼を閉じてじっと聴いていた。ところが二章目に入ったときだった。突然、顔を上げ、青春の会津連隊時代を思い出したのか、

「秋陣営の霜の色　鳴きゆく雁の数見せて
植うる剣に照りそいし　昔の光今いずこ」

と声に出して唱い出したのである。傍にいた看護婦の小野克枝と妻錸はびっくりして、石原の横顔を振り向いた。その時、石原の頬は涙で濡れて光っていた。石原は、それを拭こうともせず、三章目を口ずんでいる。

「いま荒城のよわの月　替わらぬ光、たがためぞ――」

彼には、「満州を私たちの手で建国させて下さい」と迫ったまとめ役の于忠漢や、財政部長となる熙治、最高検察庁長官となる李槃、五族協和に協力した馬占山など満州建国に立ち上がり、石原の手を握った満州人たちの顔が、走馬燈のように現われては消えていく。

なかでも昭和十一年秋、病弱だった于忠漢を入院先に見舞った時のことが思い出された。于

忠漢がいなかったら、満州は朝鮮同様に総督府下に植民地化され、満州人の公官庁への就職はできないばかりか、政治、経済活動もできなかった。

于忠漢は、見舞った参謀本部作戦課長の石原に「あなたは偉いね、小さな一点から、大きくなった」と、石原の手をとり涙を流して満州建国を許してくれたことに感謝した。しかし荒木貞夫陸相、真崎甚三郎参謀次長らによる陸軍人事異動で、関東軍司令官本庄繁も三宅参謀長も板垣も、そして石原も一番若い参謀一年生の片倉衷までが、満州から引き揚げさせられた。五族協和の構想が実現し、満州人による満州国が軌道に乗った矢先の、根こそぎ異動である。

石原は帰国後に多田駿少将から、すでに陸軍省と政府は満州を、表は満州人の満州国だが、実権は日本官僚と関東軍がにぎり、軍政下に置く構想が決定していたことを知らされショックを受けた。清朝の末裔溥儀を摂政に置いたのも、日本の官僚を満州国へ送り込んだのも、五族協和という旗の下に、植民地政策をとるステップだった。一方の石原は、日本で閑職に飛ばされ、さらには外務省出向となり陸軍からはずされてしまった。そのため彼は于忠漢ら満州国の要人たちと接することもできなくなる。

昭和十二年十月、参謀本部を追われ、関東軍参謀副長として二度めの満州の再建に取り組んだが、満州は植田謙吉司令長官、東条英機参謀長の軍政下にあった。それにかつての部下の辻政信、片倉衷参謀らまでが石原に背を向け、植民地政策一辺倒となり、関東軍が満州国を軍政下に置く内面指導体制をとった。

孤立無援の石原は、健康を理由に植田謙吉に辞表を叩きつけ、その夜、誰に見送られるでもなく妻の銻と二人で、新京から夜行列車で吉林、間島を経由して朝鮮の羅津港に出、そこから船で新潟港に戻った。

「荒城の月」を歌っていた石原は、植田謙吉大将、東条英機少将と「日本は何もかも失うぞ」やり合った日を思い出していた。

そして四章目の「天上影は、替わらねど　栄枯は移る、世の姿――」と口ずさんだ時だった。その後はついに声にならなかった。彼は嗚咽し、両手で顔を被っていた。それでも新井は、泣いている将軍のため、最後までハーモニカを演奏し続けた。

出血と痛みに耐えていた石原が四十度の高熱に苦しむのは九月二十日である。以後、輸血で辛じて命を継ぐが寝たっきりでいる。そこに南方から復員した兵隊たちが訪ねてきた。山羊ヒゲを伸ばした石原は、それでも起床して一人一人に応じた。

そんな状態の十月二十九日。極東軍事裁判所から「十一月十日戦犯証人として出頭せよ」の命令が入った。しかし石原は出頭せず、翌十一日は農業感謝祭の準備を手伝った。

チャーチルは老英帝国の末路を飾った英雄

石原の命が長くない、と知った旧友たちが石原を見舞った。藤島小学校の同級生で医学博士の鳥海克己は度々見舞い、後日、新聞に「チャーチル回想録」が連載されていることで石原に手紙で感想を聞いている。

石原がハガキに書いて送った感想は、意外にも、きびしい批判だった。こう書いている。

「度々御便り御礼申し上げます。小康を続けております。チャーチルの回想録、流石におもしろく読んでいます。然し結局彼は、群雄割拠時代の旧式政治家―尤も有能なる―に過ぎません。世界統一の前夜に於ては、もう古い存在と申さねばなりません。老英帝国の末路を飾った一英雄です」

マッカーサーの軍政批判といい、ヤルタ会談のさなか、本国イギリス総選挙で破れ、失脚してヤルタ会談の途中で去って行った同じ軍人出のチャーチル首相を「老英帝国の末路を飾った一英雄」と酷評している。一〇六か国あった大英帝国の植民地は、第二次世界大戦後それぞれ独立し、日本同様大英帝国も植民地を失い、本島のみとなった。辛じて香港は、租借の権利で維持し、また北アイルランドを併合したままである。

失った理由は、日本との戦争も含む第二次大戦で「勝利した結果」とは、なんとも皮肉である。もっとも、日本は遼東半島の租借権はまだ残っていた。国際法で旅順、大連などは取り戻すことができたはずだが、未だに、事情は明らかにされていない。

鳥海はその後も、西山農場の石原を見舞った。彼の他、石原を元気づけた旧友がいた。それは仙台の第二師団第四歩兵連隊時代のかつての部下である。

大川幹夫大佐と大久保朝雄大佐は、二十三年の秋に石原を見舞った。その時の挨拶が「連隊長殿!」だった。この二人は石原が中将になり、第十六師団長になったにもかかわず、会うときは昔ながらの「連隊長殿!」である。石原はこの二人と会うと、病のことを忘れ、昔話に花を咲かせた。藤本治毅の『石原莞爾』(時事通信社刊)には当時の様子が詳しく書かれている。石原は二人に、いきなり、「東条のいったとおりになったな」と、「東亜の解放」を口ぐせにしていた東条軍閥の末路を皮肉った。

敗戦の責任を感じている二人は、石原の枕辺に頭を垂れて「連隊長殿! 申し上げようもありません」と深々とうなだれた。正座している二人に、石原は膝を崩させた。この時二人は、これまでのことを許された思いで安堵する。やがて二人は、最後の戦場の様子や帰還したときの模様など、ひととおりのことを報告した。

その時だった。石原は大久保に、「山下はどうした？」と尋ねた。

南方から帰還した大久保が、

「ハイ、山下軍司令官は、武藤参謀長とよく気を合わせてやってくれました。立派でありました。ただフィリピンは余りにたびたびの軍司令官の交代で、隷百兵団や占領地諸機関の施策の上に大変な不便を感じました」

と報告した。すると石原は、

「そうだな。今度の戦争で国民が名前を知っている司令官は、海の山本、陸の山下くらいのもんだよ。こういう人事は戦争指導にも、銃後の士気昂揚にもよくないことだ。しかも中央の卑劣な心理から交代ときては、全く鼻もちならん」「政治がしっかりして、その方針によって軍が動かねばならないのだが、なにぶんその御本尊が怪しげな東条だろう。大東亜会議のお祭り騒ぎばかりじゃないか。少なくともギルバートやサイパン等には永久大築城をやるべきだった」と、持久戦下での作戦のミスを突いた。

すると、二人のうちどちらからともなく、

「連隊長に、一度参謀総長（注、参謀本部）になっていただきたかった」と本音が出た。すると石原は、小さく息をつき、

「総長どころではない。オレは部長（昭和十二年参謀本部作戦部長）でもう落第さ。もっとも満州事変で御免こうむるべきだったんだからな。恐縮しているよ」と語った。

「東条さんも、就くべからざる地位に就いて大変なことになりました。皆んなが、やれやれといったから始めた戦争なのに、今になって東条一人が悪者にされたって仕方がありません、と

勝子夫人は言ってるそうですな。その人その人で言い分はあるもんですな――」

大川が、そう言った時だった。間髪入れず石原は、

「いや。夫人の立ち場は従属的で極めて弱いものだ。苦しめてはならん。その人の反省に一任すればよいものだ。今、宮様方をどうこうという者もあるが、それもけしからん！」

と一喝した。そして続けた。

「むろん、東条だってその死をもってその局に当たったろうが、彼には所詮無理な話さ。強がりを言うくせに、心の底では神風にすがる他力本願のめめしい男さ。ガダルカナルで行き詰ったとき、オレは、君には戦争はできないからやめろ、と詰め寄ったが、とうとう聴かなかった」

しかし、石原が東条に呼び出され、鶴岡からモンペ姿に下駄きで上京し、「どうしたらよいか」と意見を聞かれたとき、「戦争はできないからやめろ」と言って決裂した経緯を、二人は初めて知る。そのことを知った二人は、思わず息を呑み、無言で頷くだけだった。

石原はショックを受けている二人に、なおも続けた。

「ソ連は国際条約を蹂躪したし、アメリカは原爆を撒いた。お前たちは広島・長崎をまだ見てないだろう。ひどいものだ。いずれ劣らぬ道義の破壊者だ。彼らに真珠湾の奇襲を裁く資格はない。永く世界史上に彼らの蛮行は記録されたのだ。また日本も反省してみると、結果的には負けてよかった。先日も宗門の知識者がきての話に、もし日本が勝っていたら、民族の自滅がきたでしょう。鮮・満・漢の諸民族ばかりでなく、世界の人から嫌われて住めなくなったでしょう、と言っていたよ」

話は、戦犯のことになった。A級戦犯の死刑判決が出たのは二十三年十一月十二日で、二十四日には戦犯容議者十九名の釈放を決めた。石原は二十四日の日記に「東京裁判刑確定」と、

小さくメモしている。そのことで、大久保が、

「連隊長も、戦犯を求められましたのに」

と言うと、石原は、そのことには触れず「蒋介石総統の、暴に報いるに徳を以てせよ、の道義宣言は光ったな。君子国日本は、お株をとられて完敗したね。大見識じゃないか！　これで日本人の中国人蔑視もなくなるだろう。西洋人にペコペコしてアジアに威張る妙なところも直るだろうな」

「とにかく日本人は生きのびることに感謝して進むのだ。国防以外に何一つできない軍人が銃と刀を捨てたのだから、これからは体一つで働くのだ。そして再建の礎石となろうじゃないか」

石原は皆農主義を二人に説き、西山農場に案内している。以後二人は、告別式に出席するまで、会う機会を失った。

第11章

死の床で遺言「新日本の進路」と「日蓮教入門」を書く

新日本の進路は統制主義にあり

石原が急に咳込み、高熱を出したのは、昭和二十三年十二月二十二日の夜からである。その夜は、妻銻子の霊気治療や指圧でヤマを越したが、また急変した。重篤を知って、近くの吹浦の菅原医師が応診してようやく平熱を取り戻した。

翌二十四年の正月は、久しぶりに平熱で迎えた。日記には「一日（土）雪ナキ元旦。但シ早朝南ノ烈風」とある。石原の日記は、この年の正月に始まり六月十六日付で終る。六月に入ると肺に水がたまり、横になることができず、眠れぬ夜が続いた。

六月七日に軍医大佐の宮本忠孝が見舞いを兼ねて診察したときは、十五分と間をおかずに血尿と血塊が連続して排出され、膀胱と尿道の激痛に一睡もできぬ状態だった。

「極度の貧血で全身に血の気がなく、癌の悪液質で極限の衰弱状態であった。彼は半臥位で、尿瓶を股間にしたまま、半睡半眠、幽明の境を往来しているかの如し」

と、宮本忠孝はその時の様子を書きとめている。

小学校の頃の先生、渋谷光年と同級生である西川速水が石原を見舞ったが、面会謝絶で会えず、隣家の桐谷誠の家で妻の銻子と会い、病状を聞いて帰っている。

一月十八日は、石原莞爾還暦の日である。同志たちが作った一間幅の聖壇には御本尊が安置され、皆んなで石原の還暦を祝った。

二月に入ると三十九度近い高熱が続く。出血は激しく、尿道が詰まりまた高熱に苦しむ。ペニシリン注射を続けていたが、その効果は次第になくなった。

旧軍人たちはA級戦犯の処刑を機に、見舞いに来なくなる。彼の周囲にいる者は西山の入植者や地元庄内の同志たちに限られてきた。曺寧柱は石原の伝令で東京・吹浦間を走った。行動力のある曺は石原のために栄養になる食糧を仕入れては運んでくる。

六月七日の日記は、当時の石原の苦しみが出ている。医師も六月がヤマと診断している。

「六月六日（月）、木村（武雄）、和田（勁）、宮本（忠孝医師）部下数名ヲ率キ、レントゲン機械迄携行、一同一泊。

六月七日（火）昨夜眠レズ、朝甚快、気ノ狂ハンバカリ」とある。

渋谷光年と西川速水が見舞ったのは六月八日で、同じ血液型の渋谷は九日は五十cc、十日には百ccを採血してもらい、教え子の石原に輸血した。十一日には甥の石原尚から百ccを輸血でもらう。しかし夜は眠れず、起きた状態で半睡半眠だった。

石原が、武田邦太郎を呼び、「新日本の進路」の口述筆記を始めるのは、不眠状態のなか、死期が迫ったことを感じとった七月に入ってからである。

「石原の思想と実践的生涯を省察し、これに一つの整理、決算を加えて、死後の日本、あるいは世界の進運にそなえる一文に草したもの」（武田邦太郎）だった。

それは同時に、石原莞爾の遺書ともなる。
構成は「人類歴史は統制主義の時代にある」「日本は統制主義国家として独立せねばならぬ」「東亜的統制主義の確立」「我が理想」の四章になっている。以下は七月初めからはじまり、死去する五日前の八月十日に完成した全文である。

新日本の進路

一、人類歴史は統制主義の時代にある。

フランス革命は専制主義から自由主義への転換を決定した典型的自由主義革命であり、日本の明治維新もこの見地からすれば、自由主義革命に属する。自由主義は専制主義よりも遙かに能率高き指導精神であった。しかるに第一次大戦以後、敗戦国もしくは後進国において、敗戦から立ち上り、或は先進国に追いつくため、自由主義よりも更に能率高き統制主義が採用された。

ソ連の共産党を含み、あらゆる近代的社会主義諸政党、三民主義の中国国民党、イタリアのファッショ、ドイツのナチ、遅ればせながらスペインのフランコ政権、日本の大政翼賛会等は、いずれもこれである。依然として自由主義に止った諸国家も、第二次大戦起り、ドイツのフランス、イギリスに対する緒戦の圧倒的勝利、さてはドイツの破竹の進撃に対するソ連の頑強なる抵抗を見るにおよんで、自由主義をもってしては到底統制主義の高き能率に匹敵し得ざることを認め、急速に方向を転換するに到った。

自由は人類の本能的欲求であり、進歩の原動力である。これに対し統制は専制と自由を綜合開顕せる指導精神であり、個々の自由創意を最高度に発揚するため必要最小限度の専制を加えることである。今日自由主義を標榜して国家の運営に成功しているのは、世界にはアメリカだけである。かつて自由主義の王者たりしイギリスさえ、既にイデオロギーによる統制主義国家になっている。しかして今やアメリカにおいても、政府の議会に対する政治的比重がずっと加わり、最大の成長を遂げたる自由主義は、進んで驚くべき能率高き統制主義に進みつつある。国内におけるニュー・ディール、国際的にはマーシャルプラン、更に最近に到っては全世界にわたる未開発地域援助方策等は、それ自身が大なる統制主義の発掘に他ならぬ。その掲ぐるデモクラシーも、既にソ連共産主義、ドイツのナチシズムと同じきイデオロギー的色彩を帯びている。かくしてアメリカまた、ソ連と世界的に対抗しつつ、実質は統制主義国家に変貌し来ったのである。

専制から自由へ、自由から統制への歩みこそ、近代社会の発展に於いて否定すべからざる世界共通の傾向ということができる。

二、日本は統制主義国家として独立せねばならぬ。

アメリカは今日、日本を自由主義国家の範疇《はんちゅう》に於いて独立せしめんとしている。しかし厳密なる意味における自由主義国家は、既に世界に存在しない。そもそも世界をあげて自由主義から統制主義国家に移行したのは、統制主義の能率が自由主義に比べて遙かに高かったからである。イタリア・ドイツ・日本等、いずれも統制主義の高き能率へよって、アメリカやイギリスの自由主義と輸贏《しゅえい》を争わんとしたのである。これがため世界平和を攪乱したことは厳粛なる反省を要するが、これが広く国民の心を得た事情には十分理解すべき面が存するであろう。

ただしアメリカが自由主義から堂々と統制主義に前進したたに反し、イタリアもドイツも日本も、遺憾ながら逆に専制主義に後退し、一部のものの独裁に陥った。真のデモクラシーを呼号するソ連さえ、自由から統制の前進をなし得ず、ナチに最も似た形式の独裁的運営を行い、専制主義に後退した。唯一の例外に近きものは三民主義の中国のみである。かく観じ来れば、世界は今日、統制主義のアメリカと専制主義に後退せるソ連との二大陣営の対立と見ることもできる。

この観察にはいまだ徹底せざる不十分さがあるかも知れぬが、日本が独立国家として再出発するに当っては、共産党を断然圧倒し得るごときイデオロギー中心の新政党を結成し、正しき統制主義国家として独立するのでなければ、国内の安定も世界平和への寄与も、到底望み得ざるものと確信する。

もしアメリカが日本を自由主義国家として立たしめんと欲するならば、日本の再建は遅々として進まず、アメリカの引上げはその希望に反して永く不可能となるであろう。しからば日本は結局、アメリカの部分的属領化せざるを得ず、両国間の感情は著しく悪化する危険が多分にある。日本は今次の敗戦によって、世界に先駆けた平和憲法を制定したが、一歩独立方式を誤れば、神聖なる新日本の意義は完全に失われてしまうであろう。

繰返して強調する。今日世界に自由主義国家はどこにもない。我等の尊敬するイギリスさえ統制主義国家となり、アメリカまた自由主義を標榜しつつ、実質は大きく統制主義に飛躍しつつある。日本は世界の進運に従い、統制主義国家として新生してこそ過去に犯した世界平和攪乱の罪を正しく償い得るものである。

三、東亜的統制主義の確立。

世界はその世界性と地方性との協調によって進まねばならぬ。東亜の文化の進み方には、世界の他の地方と異なる一つの型がある。故に統制主義日本を建設するに当たっても、そのイデオロギーは東亜的のものとなり、世界平和とよく協調しつつ東亜の地方性を保持して行かねばならぬ。

前述の如く、幾多の統制主義国家が専制主義に後退した。しかるに三民主義の中国は、蒋介石氏の独裁と非難されるが、断じてしからず、蒋氏は常に反省的であり、衰えたる国民党の一角に依然美事なる統制への歩みが見られる。毛沢東の新民主主義も、恐らくソ連のごとき専制には堕せず、東洋的風格をもつ優秀なる思想を完成するに相違ない。我等は国共いずれが中国を支配するかを問わず、常にこれらを提携して東亜的指導原理の確立に努力すべきである。この態度はまた、朝鮮新建設の根本精神とも必ず結合し、調和し得るであろう。

しからば日本はどうであるか。大政翼賛会は完全に失敗したが、私の関係した東亜連盟運動は、三民主義や新民主主義よりも具体案の点において更に一歩進んだ新しさを持っていたのではないかと思う。この運動は終戦後極端なる保守反動思想と誤解され、解散を命ぜられた。それは私の持論たる『最終戦争論』の影響を受けていたことが誤解の原因と想像されるが、『最終戦論』は、これを虚心に見るならば、断じて侵略主義的、帝国主義的見解にあらず、最高の道義にもとづく真の平和的思想を内包しているとかが解るであろう。東亜連盟運動は、世界のあらゆる民族の間に正しき協和を樹立するため、その基礎的団結として、まず地域的に近接し、かつ比較的共通せる文化内容を持つ東亜民族相携えて民族平等なる平和世界を建設せんと努力したるもの、支那事変や大東亜戦争には全力をあげて反対したのである。

東亜連盟の主張は、経済建設の面においても一つの新方式を提示した。今日世界の経済方式は、アメリカ式かソ連式かの二つしかない。しかしこれらは僅かな人口で、広大な土地と豊富な資源のある所でやって行ける方式である。日本は土地狭く、資源も貧弱である。しかも人口は多く、古来密集生活を営んできた文化的生活から部落中心に団結する傾向が強い。こんな所では、その特殊性を生かした独自の方式を採用しなければならぬ。アメリカ式やソ連式では、よしトルーマン大統領やスターリン首相がみずから最高のスタッフを率いてその衝に当たっても、建設は成功し難いであろう。東亜連盟の建設方式によれば、国民の大部分は、各地方の食糧生産能力に応じて全国農村に分散し、今日の部落程度の広さを単位として一村を構成し、食糧を自給しつつ工業其他の国民職分を担当する。いわゆる農工一体の体制である。しかして機械工業に例をとれば、農村の小作業場では分品加工を分担し、これを適当地域において国営もしくは組合組織の親工場が総合統一する。この種の分散統一の経営方式こそ今後の工業生産の眼目たるべきものである。しかしてかくの如きは、事情の相似た朝鮮や中国にも十分参考となり得るのではあるまいか。

また東亜連盟運動は、その実践においても極めてデモクラチックであり、よくその統制主義の主張を生かした。組織を見ても、誰もが推服（注、尊敬する人に従う）する指導者なき限り、多くの支部は指導者的支部長をおかず、すべて合議制であった。解散後数年を経た今日、なお解散されていないかの如く非難されているが、これは運動が専制によらず、真に心からなる理解の上に立っていた実情を物語っている。

今日私は、東亜連盟の主張がすべて正しかったとはもちろん思わない。最終戦争が東亜と欧米との両国家の間に行なわれるであろうと予想した見解は、甚しい自惚れであり、事実上明らかに誤りであったことを認める。また人間の一員として、既に世界が最終戦争時代に入っているることを信じつつも、できればこれが回避されることを、心から祈っている。しかし同時に、現実の世界の状勢を見るにつけ、殊に共産党の攻勢が激化の一途にある今日、真の平和的思想に導かれた東亜連盟運動の本質と足跡が正確に再検討せらるべき緊張の必要ありと信ずる。少なくともその着想の中に、日本の今後の正しき進路が発見せられるべきことを確信するものである。

四、わが理想。

イ、超階級の政治。

マルクスの予言によれば、所謂資本主義時代になると社会の階級構成が単純化されて、はっきりブルジョアとプロレタリアの二大陣営に分裂し、プロレタリアは遂に暴力革命によってブルジョア打倒するといわれている。しかしこの予言は、今日では大きく外れて来た。社会の階級構成はむしろ逆に、文明の進んだ国ほど複雑に分化し、ブルジョアでもプロレタリアでもない階級がいよいよ増加しつつあり、これが社会発展の今日の段階における決定的趨勢である。共産党はかかる趨勢に対処し、プロレタリアと利害一致せざる階級或は利害相反する階級までも、術策を弄して自己の陣営に抱込み、他方暴力的独裁的方式をもって、少数者の独断により一挙に事をなさんとしている。しかし右のごとき社会発展の段階においては、国家の政治がかつてのブルジョアとかプロレタリアのごとき、或階級の独裁によって行われることは不当である。我等は今や、超階級の政治の要望せらるべき時代を迎えているのである。

今日までの政治は階級利益のための政治であった。これを日本でいえば、民主自由党はブルジョアの利益を守り、共産党がプロレタリアの利益を代表するがごとくである。しかるに政治が超階級となることは、政治が『或階級の利益のために』ということから『主義によって』『理想のために』ということに転換することを意味している。ナチス・ドイツやソ連の政治が共にイデオロギーの政治であり、アメリカのデモクラシーも最近ではイデオロギー的に変化して来たことは前述の通りであるが、これらは現実にかくのごとき世界的歴史動向を示すものである。かくして政治はますます道義的宗教的色彩を濃厚にし、気魄ある人々の奉仕によって行わるべきものとなりつつある。

ロ、経済の原則。

超階級の政治の行わるべき時代には、経済を単純に資本主義とか社会主義とか、或は自由経営とか官公営とか、一定してしまうのは適当ではない。これらを巧みに按配して綜合運営すべき時代となっているのである。ここにその原則を述ぶれば次のごとくである。

第一。最も国家的性格の強い事業は逐次国営にし、これが運営に当るものは職業労働者でなく、国家的に組織されたる青年男女の義務的奉仕的労働たるべきである。我等はブルジョアの独裁を許し得ざるごとく、プロレタリア、つまり職業労働者の独裁を許し得ざるものである。

第二。大規模な事業で、国民全体の生活に密接なる関係あり、経営の比較的安定せるものは逐次組合の経営に移す。かくして国家は今後組合国家の形態に発展するであろう。戦争準備を必要とする国家においては、国家権力による経営統制の不可欠である。しかし日本は既に戦争準備の必要から完全に解放された。組合国家こそ、日本にとって最適の国家体制である。

第三。しかし創意や機略を必要とし、且つ経営的に危険の伴う仕事は、やはり有能なる個人の企業、自由競争にまかすことが最も合理的である。特に今日の日本の困難なる状勢を突破して新日本の建設を計るには、機敏に活動し、最新の科学を駆使する個人的企業にまつべき分野の極めて多いことを考えねばならぬ。妙な嫉妬心から徒らに高率の税金を課し、活発な企業心を削減せしめることは厳に戒しむべきである。

ハ、生活革命。

我等の組合国家においては、国民の大部分は農村に分散し、今日の部落程度の広さを単位として農工一体の新農村を建設する。各農村は組合組織を紐帯として今日の家族のごとき一個の共同体となり、生産も消費もすべて村中心に行う。これが新時代における国民生活の原則たるべきである。一村の戸数はその村の採用する事業が何名の労働力を必要とするかによって決定される。概ね十数戸乃至数十戸というところであろう。この体制が全国的に完成せらるれば、日本の経済は一挙に今日の十倍の生産力を獲得することも至難でないと信ずる。

しかし農工一体の実現は、社会制度の革命なしには不可能である。日本の従来の家族は祖父母、父母、子、孫等の縦の系列をすべて抱擁し、これが経済単位であり、且つ生活単位でもあった。この家族制度は日本の伝統的美風とされたが、一面非常な不合理をも含んでいた。我等の理想社会は、経済単位と生活単位とを完全に分離するものである。

即ちそこでは、衣食住や育児等の所謂家事労働のすべては部落の完備せる共同施設において、誠心と優秀なる技術によって行われる。勿論家族単位で婦人のみで行う場合より遙かに僅少の労働力をもって遙かに高い能率を発揮できよう。かくして合理的に節約される労働力は、男女を問わずすべて村の生産に動員される。しかして各人の仕事は男女の性別によらず、各人の能力と関心によってのみ決定する。生産の向上、生活の快適は期して待つべく、婦人開放の問題のごときも、かかる社会においてはじめて真の解決を見るであろう。

かくのごとき集団生活にとり、最も重要なる施設は住宅である。私は現在のところ、村人の数だけの旅客を常に宿泊せしめ得る、完備した近代的ホテルのごとき共同建築物が住宅として理想的だと考えている。最高の能率と衛生、各人の自由の尊重、規律ある共同的日常行動等も、この種の住宅ならば極めて好都合に実現し得るのではあるまいか。

新農村生活はまた、旧来の家族制度にまつわる、例えば姑と娘との間におけるごとき、深刻なる精神問題すら根本的に解決する。そこで老人の扶養は直接若夫婦の任務ではない。また老夫婦は、完全に隔離された別室をもち、常に自由なる人生を楽しむであろう。そこでは新民法の精神を生かした夫婦が、新たなる社会生活の一単位となり、社会生活は東洋の高き個人主義の上に立ち、アメリカ以上の夫婦中心に徹底するのである。親子の間を結ぶ孝行の道は、これによって却って純粋且つ素直に尊守されるものと思われる。この間同族は単に精神的つながりのみを残すこととなるであろう。

真に争なき精神生活と、安定せる経済生活とは、我等が血縁を超えて理想に生き、明日の農村を今日の家族のごとき運命共同体となし得た時、はじめて実現し得るものである。

新憲法で戦争放棄の徹底を強調する

「都会は民族の墓場である。都市解体、農工一体、簡素生活による理想国家を築き、最終戦争への物心両面への準備をせよ」

と同志に呼びかけたのは昭和十六年頃からだったが、石原は最後となる遺書で最終戦争が東亜と欧米との間で行われるであろうとの見解を、ここで「誤り」であったと訂正している。それ以外は、終始終わらなかった。

新憲法についても当時すでに「一歩独立方式を誤れば神聖なる新日本の意義は完全に失われてしまう」と警告し、さらに戦争の放棄を強調した。

「われわれは完全に戦争を放棄したのです。われわれは断じて利害を抜きにして、立正の大精神によって国策を律してゆかなければなりません。われわれは日本を蹂躙されてもかまわぬから、戦争放棄に立派に徹底しなければならない。ちょうど日蓮聖人が滝の口に向って行くあの態度、キリストが十字架を背負って刑場に行くあの態度を、国家としてとらえねばならない。

但し、そういう観念的なことだけでは駄目だ。われわれは心から戦争を必要としない文明をつくらなければならない。それは八千万人の人間を、この狭い国に押し込められたことが非常によいのです。われわれ八千万人は立派に食って行くのだ。食っていけます。それがためには在来の西洋文明のやり方ではいけない。われわれはその逆に、都市解体、農工一体、簡素生活の方面にゆかなければならないと主張しているのです。言いかえればわれわれは完全な生活態度の革命までゆかなければなりません。そこまでゆけば、初めて世界の最も優秀な民族たる責務を全うすることができるのです」

この「新日本の進路」はマッカーサーの占領政策への石原の意見書で、同志たちは東京にいる木村武雄を中心に、ただちに英訳に入った。同志のなかに英語堪能な夫人がいて、小泉菊枝が翻訳文の作成を担当した。しかし英訳は難航した。

同時に、マッカーサー司令官への手紙を付けて送ることにし、石原はこれがマッカーサーへの最後の意見書となると思い、マッカーサーへの手紙の口述筆記に入った。

しかし四十度近い高熱と睡眠不能な状況下、血塊の排出に伴う激痛で、何度も中断した。医師で、藤島小学校の同級生、鳥海克己は七月八日に石原を見舞ったが、その時の石原は「顔色憔悴、形容枯槁、慰める言葉もなかった。運命はすでに決していた」と「藤軒随筆」に書きとめている。

そうしたなかで、石原は口述した。

「拝啓、末だ拝眉の栄に浴し不申候処、新日本建設のため閣下始め諸賢の御努力には日頃感銘罷在り候。小生も及ばず乍ら人類の一員として真の世界平和実現のため大いに活動仕るつもりに御座候処、却って各方面に御迷惑かけたるものの如く、深く反省致し居り候。然る処、貴国並にソ連が世界を両分して対立せる一環として我国の現状を見るに、共産党の攻勢は頗る活発にして、今や根本的対策樹立の要緊なりと愚考仕り候。重病にて命旦夕に迫りたる身にもこれを黙過するに忍びず、ここに所信の一端を披瀝して高覧に供し、言わんとする処は、日本が速やかに再建の実をあげ、真に世界平和の実現に寄与するには、共産党を断然圧倒し得る如きイデオロギー中心の新政党を決成し、これにより統制主義国家として立つ事が不可欠の要件にして、従来の方針をこのまま続行する時は、致底日本一国の安定すら覚束なしというに有え。些かにても御参考と相成らば幸甚に御座候。

閣下に対する友情幸いに御受納被下度候」

遺稿「日蓮教入門」に取りかかる

石原はもう一つの遺書「日蓮教入門」に入った。これはいわば石原の辞世の著」とも言われる。着想は昭和十四、五年頃にあった。国柱会の若い会員の会「精華会」の会員に「一般人にわかりやすい、親しみやすい日蓮教教科書がぜひほしい。精華会こそ、この任務をはたすべきではないか」と提案している。しかし精華会では実現できずにいたが、昭和二十三年秋、石原の病状が思わしくないと心配した精華会員の間で「日蓮教入門研究叢書」の出版計画が持ち上がり、病床の石原に相談する。

病気と闘っていた石原は、余り賛成しなかったが、曺寧柱の西山来場を機に、執筆陣として曺寧柱、武田邦太郎、小泉菊枝の三人を決め、二十四年四月、準備に入った。三人は口述筆記に備えて全体の目録を書き、石原に見せる。

膀胱からパピローム（腫瘍片）や血塊が尿道を通って排出される時、油汗を流しながら激痛に耐えていた石原は、

「非常に大胆果敢なものを書こうではありませんか。思い切って、大聖人以外の誰方からも叱られていいと思ってモダンなものを書きましょう」と、三人に言った。

しかし、激痛と呼吸困難、貧血から一睡もできぬ日が続き、そのままになっていた。床に横になると呼吸できなくなるため、布団を背中にして起座し、顔色憔悴、形容枯高の状態が続いた六月六日、石原は突然、縦線の便箋八枚に鉛筆で、

「日蓮教入門、起草に関する愚見」として全体の構想を書き上げた。六月七日の日記には「昨夜眠レズ、気ノ狂ハンバカリナリ」とある。最悪の状況下で構想を書いている。これはまさに石原の遺書となる。

構想は「前がき」「教判」「宗旨」「信行」「安心」の五項目。一列として「前がき」の下書きを左に紹介する。

1、科学ト宗教。
科学――五感ニヨル
宗教――直感ニヨル
(両者ノ定義明確ニスルコト)
㋑科学ハ常ニ宗教ニ優越セリ。但シ下等動物ノ偉大ナル直感力、今日ト雖人類最高芸術所産ノ原動力トシテノ直感力ヲミダリニ軽視スル勿レ
㋺科学宗教消長ノ歴史的観察（以下略）

この頃すでに石原は「新日本の進路」に取り組んでいて、七月に入ると、先に「新日本の進路」を、占領軍のＧＨＱに提出するため、武田邦太郎に口述筆記させた。完成した八月早々に、英訳に取りかかった。「新日本の進路」は日本占領政策に対する石原の意見書で、自由主義から統制主義政策を強調している。

「日蓮教入門」の構想を、曺、武田、小泉の三人に見せて意見を聞いた時、石原は「決して、これにこだわらないで下さい、とるべきものがあったら、とって頂ければいいのです」と言ったあと、暫くして、眼を開けると続けた。

「――自分は法門上の全くの素人ですから、かつて教義などに意見をのべる意志は毛頭なかった。しかし、いよいよ死ぬとなって、何か初めてはっきりしてきたものを感ずる。『唯今夢の如く宝塔品の心をえたり』という大聖人の御心が、おぼろげながらわかったような気がする。それで非常に恥しいことだが、いわずにいられなくなったのである」

三人は石原の教えを分担して執筆すると草稿にした。七月中旬から一日に二回、下旬からは

石原が危篤状態になったことから一日一回、石原の枕頭で、草稿を読み上げ、指示を受けた。さすがというか、睡眠不能から呼吸困難、心臓衰弱の状態にあっても、草稿を頭の中に刻み込み、遠慮気味な表現があると、

「三大秘法を大聖人は何によって立てられたかという事なども、大聖人がおっしゃっていることをその通り、ハイそうでございますかと信ずればよいのです。(中略)大聖人のおっしゃったことを、その通り信じて、それが地獄に堕ちたら、皆んな揃って地獄に行きましょう。熱いところへ行ってみるのもいいかも知れません」と指摘した。

精華会編著の『日蓮教入門』のあとがきには、草稿の指摘を受けたエピソードが語られている。

明日死ぬかも分らない身の石原は、蒼白な唇に、豊かな微笑を浮かべ、カアッと眼を開いて痛みをこらえながら「この書は、日蓮教に対する革命的著述でなければならない。それには、要点が二つある、と思う。その一つは、天台張りのややこしいものを全部やめて、あくまでも御遺文中心、三大秘法中心のすっきりしたものを書くこと。大先生(田中智学)もこういうものを書こうとされたのだが、大先生時代にはまだ時が来なかったのでお書きになれなかった。時が来て、書くのである。

その二は、大聖人時代と今の時代の時代的に違うところを、大聖人の御精神を体しつつ書くことです。われわれはこの中で、人生と宗教とをすっきりと述べましょう」と指摘している。

こうして石原の目次構成に従い、三人の弟子は不眠不休の状態で、推敲を重ね、七月末に最終草稿を書き上げた。それでも、草稿を聞いていた石原は、未熟な用語があると、パッと眼を開き「その所はこの方がよくないか」と言ったあとで、「ああ、これが出来上るまでに生きて

いられるだろうか」と、ふっと呟いた。

完成間近になると、弟子たちの苦労を労わり、

「何頁位になるだろうか。いくら位出るだろうか（注、発行部数）。これが発行される頃はまだ遺骨が置いてあるんだろうが、武田先生がその前で報告される様子が見えるようだ。面白いな――」と小さく笑ってみせた。

この中で石原は「科学も宗教も神仏に触れるものであると定義し、科学は常に宗教に優越する。宗教は大局において、自然に科学の進歩に対して逐次その主張を譲ってきたが、今後ますます謙虚なる態度を持するであろう。同時に、真にすぐれたる科学者は、その遂に到達し難き点を数千年来の聖者が驚嘆すべき明断に傾聴し、やがて科学・宗教の渾然一体化により、人類最高の文明を創造しうるものと思われる。すなわち人類の最高文明は、科学宗教両界の大天才の、謙虚極まる態度から生ずる両者の渾然一体化によって現れ来るだろう」

また「科学と宗教の一体化は、政治と信仰の一体化である。絶対平和時代の政治が信仰と一体となれる政治、すなわち政教一致の政治たるべきことは当然の帰結である」「この時に当り、ひとたび完全に宗教の束縛から離れて真に自由の立場に立った日本人は、その卓越せる総合力を遺憾なく発揮し、世界に先んじて科学と宗教との一体化に、渾身の努力を傾けねばならない」と巻頭で述べる。

そして政治については、「世界は統制主義の歴史段階に入った。（中略）統制はどこまでもフランス革命等によって獲得された自由を全うするために、お互のわがままをせぬ、ということをその根本精神とする。統制主義はかくの如き社会発展の途上において、自由を更に伸ばすための必要から生れた、自由主義よりも一歩進んだ指導精神である」と、ここでも日本は統制主

義をとり、戦後の政治、経済を発展させねばならず、政治の最高理想は日蓮聖人が説いた「立正安国であり、指導原理」と強調する。

理想的な国づくりは、自然と人生のなごやかな調和を

予言者石原は、理想的国づくりを昭和二十四年八月時点で、こう語って結んでいる（要約）。

「科学は仏智を得てますます進歩し、天変地異は驚くべき原子力を駆使する科学的設備の完成により、低気圧、気流の調整、緩和等が行われておのづから整理される一方、完備せる堤防、防風林、疎水等と妥当なる山林、治水政策により、暴風雨、旱魃等も人類に残虐なる危害を加えるものでなくなるであろう。かくて吹く風枝をならさず、雨つちくれを砕かず、自然の恩恵と人間の努力のうるわしい調和を楽しむ農中心の生活が、人間生活の基礎となる」

農工一体の国づくりの姿を、さらに次のように描写している。

「自然と人生のなごやかなる調和は、宗教とと政治の見事な偕調でもある。のびのびと育った大森林、悠々と流れる江河を擁して近代科学の粋をこらした住居があり、部落があり、町があり、田園があり、工場がある。一日数時間の勤務時間には、健康である限り、老も若きも、男も女も、あるいは工場に、あるいは農場に、あるいはその他の職場に就いて整備された機械をたくみに使用しつつ、すべてを忘れて働く。天皇も皇太子も、大臣も画家も学者も文士も、朝のひとときは畑に立って土に親しむ。洗練された自治能力と合理的な社会制度と、高度な共同生活により、充分豊富な自由時間には、ギリシャ彫刻にみる以上のたくましい健康美を白日のもとにふんだんにまきちらしつつ、あるいは古典の研究に、あるいは美術の創作に、あるいは

スポーツに、あるいはダンスに、各に欲する趣味にしたがって心のままに人生を楽しむ」

「物資はあり余るほど豊で、人は分配の不公平にわずらわされず、ただ人智の進歩にしたがって、より良きものの創作に絶えざる工夫がほどこされ、研究が行われるばかりである」

「急性病は科学の進歩によって克服され、慢性病は自然にかえった正しい人間生活によって絶滅し、戦争、内乱、病気、罪悪等の災難から解放された人々は、もはや苦死を知らなくなる。完全に生活そのものとなった南無妙法蓮華経の信仰は、人生社会の一切に生き生きと脈うち、この時人々は人類世界を楽しまうとして湖水のほとりや、山の岩かげなどにすがたを見せる美しい天人たちを見ることであろう」

「勿論、発達せる航空機器の力により、世界は一都市の如く縮少し、自然の愛情に結ばれた民族の混血は、次第に地球人類を一民族としてゆくであろう」

「一方、人智の進歩は、微視科学を発達せしめて生命の神秘を探求し、巨視科学を発達せしめて他の天体の事情を理解し、やがて青空のあなたへロケットを送る宇宙航路の発見とまで進むかも知れない。人類史の最後をかざるべき末法一万年の最高文明時代の輝かしい世界は、今まさにその待望の扉をひらこうとしているのである」（『日蓮教入門』より）

すでにこの時点で、石原は「人類が宇宙航路の発見」とロケット開発を予言している。

全ての草稿が書き上がり、清書に入ろうとした八月十四夜九時すぎのことである。石原の容態が急変し、危篤状態に入った。

悲報は、しかし各地の同志たちには伝わらなかった。石原は「臨終のときは誰にも知らせないでほしい」と固く止めていたからである。

第12章

立ち渡る

日蓮聖人と同年齢で、終戦日に往生

八月十四日、積み重ねた布団に背もたることしか出来なかった石原莞爾は、さらに血圧が低下し、尿閉を起こしているばかりではなく、肛門からも出血があった。生きていることが不思議なくらいだった。

小野克枝、真山（旧姓小野）文子姉妹の父小野誠淳医師は、福島県の棚倉から吹浦の西山農場に移り、毎日石原を診察している。十四日の午後からは増血剤や強心剤を注射した。肺水腫の併発で、横になると肺に蓄っている水のため呼吸が困難になる石原を、座椅子に座らせ、布団に背もたれした状態で診察を続けた。この小野父娘に見とられている間は、不思議と生命が甦っている。

八月六日に法華宗教学部長の小笠原日堂が西山農場の石原を見舞っているが、この時も布団に背もたれた状態で、日蓮聖人やマッカーサーへの意見書の話などをしている。

大川周明が従兄弟に伴われながら酒田の生家から西山の石原を訪ねるのは十三日のことであ

る。その時にはすでに面会謝絶の状態だった。だが石原は大川周明の来訪を喜び、はっきりした言葉で、話の筋道をたて、明解に話しはじめた。主に、日本の将来と予見を四十分ほど語っている。この時、「石原は日蓮聖人が六十の還暦で亡くなられ、聖人と同年齢で往生するのはありがたいことです」と、初めて還暦での往生を語っている。

しかし終戦の日の八月十五日を、往生の日と決めていたことは、誰にも話していない。小笠原日堂には、

「別に急ぐこともないが、板垣や多田が先へ行ったが、寂光へ行く道で、ウロウロしていてはいかんから、早く行って案内をしてやりたいと思ったりしてね」（『五道文化』一九四九年十月号）と笑い顔で話している。

この八月十五日について、傍で看病していた淵上千津はこう語っている。

「将軍は苦しくなるから上を向いて寝てもいらっしゃれないのです。尿瓶を抱えて、浴衣一枚のような格好をして、背もたれて我慢してらした。傷口に塩を塗るようなものですから、尿は塩分ですからね、痛いはずです。それなのに、痛いとはおっしゃらない。それでもお客様が毎日こられ、お会いになっておられた。普通の人だったら気が狂っていたと思います。それでもね、痛いとはおっしゃらず、看護する人に、逆にお疲れでしょう、と冗談を言ったりして気を遣っておられました。家の外には西山農場の人、近くに住む人たちが心配そうに集まって来ておられましたが、私は傍にいたんです。すると将軍は、まあだだよ！　とお声を出される。明け方、今何時ですか、とおっしゃる。四時何分とか言ってたら、『もうすぐですね』とおっしゃった。それは引き潮のことですね。人間は引き潮の時に息を引きとる、といいますでしょう。将軍はそのことを言ってらして、『さあ皆さん、お題目を唱えましょう』とおっしゃって、皆

んなで南無妙法蓮華経と、お題目を唱えたんですよ。将軍、自分の死に時をちゃんと読んでらしたんでしょうね。将軍が亡くなられて、身体をまっすぐにした時に、ああ、やっとお楽になられたな、と思いましたよ。私、どんなに、お辛かったかと思って――」と言って泣いた。

終始、石原莞爾を看病し、酒田法廷では傍に座った看護婦で、父親で医師の小野誠淳と一緒に傍にいた小野克枝は、十五日前後のことを次のように書き残している。

「――十三日夜半から尿閉を起こし、十四日は午後になっても、お疲れがとれないかに思われましたが、夕刻すぎて背中が寒いといわれ、呼吸困難と胸部の圧迫を訴えられました。高木、牛嶋、水越先生等が背中を、奥様が右手を、私が左手をしっかり握っておりますと、ひえびえと感じるので、おみ足にさわると冷めたく思われるのでした。閣下は常に、私どもに『終わりの時は耄碌とご唱題なさるので、私どもも大きな声でご唱和致しました。涙が出て声がつまると、閣下は、『泣くな！』と二度ほどおっしゃいました。そのうちに武田先生が来られ、つづいて皆様が駆けつけられました。うなだれていらした閣下は、ぱっちりと眼をあけて、一人一人に握手をされて、『お世話になりました。サヨナラ、サヨナラ』と、あたかも旅にでも行くように、いちいちご挨拶なさるのでした」

農場で働く同志や、駆けつけてきた人たちと、石原は一人一人握手し、最後の別れをした。石原は皆んなと握手しながら「お世話になりました。サヨナラ、サヨナラ』と声をかけた。

外で泣く声がすると、「もうお別れの人はないの？」と傍にいる小野克枝や淵上千津たちに声をかけた。

薄れゆく意識の中で、石原の脳裡には蒼い荒野が広がってきた。初めて渡った満州の大草原である。人々は飢え、夏は大豆畑に座り乏しい食にありつき、冬は寒波と雪の中で冬眠し、凍結した氷の川を橇で襲撃する匪賊に食糧と子供を奪われ泣き崩れる親たちの姿である。絶えず戦火の中で生き続ける運命の満州人、匪賊に追い出される日本人の居留民たち、ロシア兵の侵攻でシベリアからアムール川へ追い払われ、さらには満州里とウラジオストックから鉄道を伸ばして南の旅順まで占領するロシア軍の前に何も出来ない満州人たちの哀れな姿が甦ってきた。

さらには朝鮮半島に軍事顧問団を送り込んで半島を支配し、釜山に軍港を築こうとしたロシア軍の動きに、日本軍がやむなく旅順港を攻撃して始まったロシア戦争、その旅順に妻の銻子と出かけて官舎住いをした日々が、昨日のように甦ってきた。あの頃の旅順と奉天のまちは治安に恵れ、多くの満州人と知り合い、歓迎された。まだ日本は旅順を中心とする小さな関東州しか支配していない頃で、大連も奉天も長春もハルピンも張作霖の息子張学良の支配下にあり、日本軍は鉄道の守備地に駐屯しているにすぎなかった。

日ごと満州の北部に居留していた日本人への迫害が強まり、多くの日本人が旅順に引き返す姿を見てきた石原は、列車で長春、ハルピン、吉林を訪れ、駅周辺を視察し、邦人の声を聞いて歩いた。無法化した満州の治安を守るには日本軍の軍政しかないと気付き、彼の作戦で始まった奉天事件だったが、二十二万の張学良軍と二万の日本軍の戦いが終ってみると、これまで隠れていた反張学良派の満州人が現われた。彼らに満州国の運営を譲った日から、石原は治安軍隊のみを置き、日本人は政治から身を退くことにしたが、この時、日露戦で日本軍の通訳官をしていた于忠漢との出会いが、五族協和と政治思想団体の協和会の創設になった。

あの日から満州は、五族の協和国家の理想に燃えていた。五色の国旗が街道に飾られ、人々は張学良の過酷な支配から解放され、子供たちは教育を受け、新設された各種大学に進む者、満州国軍学校に入隊する者、日本企業に転職する者、飛行機製造、自動車工場で働いて収入を得る者など、経済的に豊かになり、また二つの巨大な水力発電所から生れる電力で、各家庭に電灯がともり出して、どの家も心までが豊かになっていった。

　しかし石原が去ってからの満州は、次第に日本軍による植民地化が進み、日本式の法律で満州人の生活が拘束され、人々の顔から笑いが消えはじめていた。形なりとは言え、満州人は豊かになり、満州国の軍隊も育ち、ひとつの国家になった。石原が築いた満州国は、神武天皇に次ぐ建国であったが、思い違いをした日本の軍政になり下がっていた。

　八月九日、戦力が衰えた満州国へソ連軍が侵攻し、無力化した満州国は共産化され消滅していった。かつて喜びに満ち溢れた満州人の姿は、もはやこの地上から消えていった。

お題目を唱えていた時である。石原に奇蹟が起きた。脈がしっかり打ち返し始めたのである。足も暖かくなってきた。すると石原は、「ながびくのなら、御題目の御利益も迷惑だな」と冗談を言った。そのあと「ながびくらしいから、治療する人だけ残って、皆さんにひとまずお引きとりいただこう」と言った。

　狭い部屋には小野父娘、妻錦、武田、淵上など看護する人だけが残り、他の人たちは家の外で、声に出して、南無妙法蓮華経と合唱した。

　西山一帯の松林は、この夜半から明け方にかけて、南無妙法蓮華経の読経が大合唱された。その合唱は月光川を渡り遊佐町一帯まで風に乗って広がった。

　淵上千津に背負われた幼児に声をかけたり、懐妊中の女性のお腹をなでて別れをつげる石原の容態が急変しはじめたのは、十五日午前二時頃だった。石原は淵上千津の口述にもあるように、この頃から、しきりに時間を気にしはじめた。

「四時をうつと、お苦しかったのか、五分置きぐらいに時間をお聞きになっては、ぐったりとうなだれるのでした」と小野克枝は臨終前の様子を語っている。

石原が最後に時間を聞いたのは、午前四時三十五分だった。静かに目蓋を閉じていた石原の手が、ぐっと力がこめられた。その直後、痙攣が走り、のけぞった。呼吸が止まった。右手首を押さえていた小野克枝の指は、脈がとまったのを確認した。

「午前四時五十五分でした」

と小野克枝は語っている。淵上千津同様、小野克枝も妻錺も、仰向けになって体を伸ばせた石原の姿を見たとき、「やっと、お楽になられた」と泣いてしまった。

妻の錺は思わず、「痛いなら痛いって言わせてあげたかった」　と声に出し、その場で泣き崩れた。

石原莞爾は、日蓮聖人と同年令の六十歳と七ヵ月の生涯を、西山農場の小さな自宅で閉じた。

世辞もなく虚飾もなく

翌十六日の午後三時、武田邦太郎を導師に、出棺の法要が始った。「臨終のときは誰にも知らせないでくれ。眼をおとしてから知らせてくれればよい」と言い続けてきた石原の軍服と東亜連盟旗が棺の中に納められた。

西山農場の同志や近くの村の青年たちが、石原家から百メートルのぼった裏山の松林に心をこめて火葬場を築き上げた。午後四時半、組み立てられた木の上に、遺言どおりに頭を満州大陸に向け、石原を安置した。

午後五時。武田邦太郎をはじめ全員が唱題するなかで、先ず妻の錺が点火した。それから門下の全員が、愛をこめて、次々に火を移した。

茶毘所においては、三、四人ずつ交替で徹宵して御唱題行を捧げよう、と定めてあったが、決められた時間が終わってもその場を去らない人々が多かった。夜が明ける頃、二十人ほどが居残り、唱題していた。そのため妻鋕は、その場で徹夜した。

「お世辞も虚飾もなく、実に簡素にして高雅な生活を求めてやまなかった閣下に相応しい真実の荘厳な茶毘式でありました」(『正道文化』)と、淵上千津はその夜のことを思い出し語っている。

告別式は精華会の全国大会の前日、八月二十五日午後二時から行われた。

若い会員で構成される精華会員百名が全国から西山に集まった。

告別式の会場は、石原家から三百メートル登った桐谷誠の松林を切り開き、空地をつくり、そこに設営された。参集者は精華会員百名の他近隣の人も加わり、約二千人が集まった。まず精華会員百名を最前列に、式壇の左に親族、右に来賓が並んだ。そして告別式は石原の遺志により、葬儀委員長和田勁・式長曺寧柱によって、精華会式で整然と執り行われた。

僧号を交えない、精華会式の葬儀である。

精華会会員百名の荘重な宗歌「立ち渡る」の大合唱が湧き起った。

儀式が始まると唱題の中を、まず元満州建国大学教授で葬儀委員長の和田勁と鋕が焼香し、そのあとに遺族の焼香が続いた。

式長の曺寧柱は政府転覆の疑いで京都の特高と憲兵に拷問を受けた同志だが、余りにも力強く太鼓を連打したため、打ち棒が手もとで折れた。ついにはその唱声が嗄れてしまい、一同の胸を強くうった。彼は式後の挨拶で、「私は朝鮮人であります。故人の特別の恩顧は生涯忘却致しません。日本人のすべてが、天皇陛下に背いても、われわれ朝鮮青年同盟は、日本天皇を護ります。ここにおいでの皆様の前に、これを誓います」と大きな声で誓った。その声に、会場の中から、嗚咽する声がもれてきた。

式典が終わると、武田邦太郎から石原の病状が報告された。続いて遺族代表の石原六郎（末弟）が挨拶した。その後、二千人近い参加者は戒壇を半円形に囲んだ。その中には、満州開拓の創始者加藤完治の姿もあった。

精華会員の合唱が始まった。その合唱に合わせながら、五條珠実とその門下生七人による宗歌「立ち渡る」と日蓮の「讃如説修行抄」の舞踊が、石原莞爾の霊前に供えられた。「立ち渡る」の振り付けは、石原莞爾のたっての希望だった。しかし終戦後の東京で、五條珠美は生活にも困り、落ちついた時間がとれず舞踊化が遅れた。ほぼ完成した八月十五日、石原の悲報を知り、絶望のどん底に衝き落とされる。

五條珠実は『忘れ得ぬ感激』の中で、「将軍の思召に沿って必ず宗歌の振り付けを完成させますと誓ったお約束を果せずに終った事を、如何にしてお詫び申し上げたらよいのでありましょうか。然し山形からの連絡は、私に舞を奉納せよ、との電文でした。そうだ、この機会に将軍へのお約束を果たして、お詫びと感謝を捧げよう、と決心すると、さっそく歌の振り付け作成に専念し、心をこめて告別式の御霊前に捧げる事が出来ました」と、当時を振り返っている。

宗歌「立ち渡る」は日蓮が、「立ち渡るみのうき雲も晴れぬべし、絶えぬみのりの鷲の嵐」と詠んだものである。

五條と七人の弟子は踊り終えると、暫くの間冥目した。その瞬間のことを五條は「其拠にじっと端座し「御覧になっておられる将軍の幻を見たからです」と語っている。

最後に、新井克輔が、石原が好んだ滝廉太郎作曲の「荒城の月」を、ハーモニカ演奏した。その曲も詩も、石原の生涯に似ていた。

会場の中から嗚咽が起きた。あちこちで泣き声が聞こえた。歌詞を、声たてて歌う男がいる。加藤完治だった。人目もはばからず、彼はかすれ声で吠えるが如く歌っていた。

「日本は、結局石原の言ったとおりになった」

石原の死後、いろいろな声が聞えてきた。

「石原を総参謀長にしていたら、太平洋戦争に勝っていたろう」とか「二・二六事件直後、板垣を陸軍大臣にしていたら、板垣・石原ラインで日中戦争は起きなかったろう。満州国は五族協和国家として、世界中が羨望しただろう」。

なかには「石原の言うとおり、サイパンを要塞化し、シンガポール、マニラ、サイパンを結ぶ防衛ラインを強化していたら、アメリカは日本の本土空襲は絶対に不可能であり、日米戦は五分五分の引き分けに終っていただろう。実におしいことをした」と、石原をクビにした東条英機陸相を批判する者もいた。そうした元軍人の多くは皮肉にも東条英機に頭をなでられてきた幕僚や政治家たちである。

人物評で最も的確だったのは、徳富蘇峰である。蘇峰は昭和十年春、仙台に出かけ、第二師団歩兵四連隊長の石原を訪ね、参謀本部起用を打診している。当時の陸相は蘇峰と親しい林銑十郎である。石原とはこの時が初対面だった。二人は何を話したか、想像するまでもない。蘇峰自ら、石原の考えと人物を、リサーチしていた。間もなく、八月の定期異動で、日本の命運をにぎる四十六歳の若き参謀本部作戦課長が誕生するのである。

その徳富蘇峰は『石原莞爾』の筆者藤本治毅にこう語っている。

「私は昭和九年以前の石原は知りませんが、九年以降のことなら何度も会いましたからよく知ってます。人物であるが、難物でしたね。だが感心なことに、自分一個の高名を欲せず、ただ上《かみ》御一人、万方民のために最善を尽くしたい、という一念の人でした。その点、理想的な軍人でした。私は彼を陸大の校長にしたかった人物でした」

その陸大では、石原が学生時代の教官で、のちに昭和十一年三月、参謀本部次長となる西尾寿造は、別な角度で石原を評価している。

この二人は、昭和十一年十一月から十二年三月に亘り、昭和天皇への御進講の機会に恵れた。昭和天皇から求められたテーマは「欧州に於ける戦争発達史」だった。欧州古戦史は石原が専門とする所で、日本では石原のみしか講議できないテーマである。だが石原はいち大佐で、天皇を拝眉できる身分ではなかった。しかし講議用の原稿は石原が書き、同席した石原に代って西尾参謀次長が原稿を読み、御進講された。テーマの構成は緒論とフリードリッヒ大王戦史、シレジェン戦争、フリードリッヒの七年戦争、大王勝利の四章建てである。

石原は緒論の書き出しを「世界ノ平和、戦争ノ絶滅ハ万人ノ斉シク冀望スル所ニシテ永久平和ハ何人モ異論ナキ美的理想ナリ、此ノ理想ノ実現ニ向ヒ努力スルハ苟モ生ヲ人類に享クルモノノ責務ナリ」で始めている。

小国日本が取り組む心がまえを、小国プロシアのフリードヒッヒ大王にヒントを得た内容で、昭和天皇に多大な影響を与えた御進講だった。その西尾が、石原をこう語っている（藤本治毅『石原莞爾』時事通信社刊）。

「石原という人は深く交わらないとなかなか本当の人柄が分らない人だ。書くことはいつでも極めて簡単であったし、言うことはいつも結論ばかりというわけで、理由なり説明なりはさらにない。だがなかなか分りかねるのだが、分らない者をすぐ馬鹿にして相手にしないという欠点があった。

だが実に偉い男で、まず国力ということを常に考えていた。国力に見合った国策――戦争という固い信念であった。だから、大東亜戦争に真向うから反対であったわけだ。今となっては、一々、全く彼の言ったとおりになっている。結局彼の言うとおりにやっていさえすれば、よかったのだ。彼を退けたということは（注、東条陸相によって五十二歳で軍を追われる）、国家の莫大な利益を害したもので、全く惜しい限りであった」

付録　**敗戦直後の石原莞爾の第一声**

「世界文化の達観と心よりの懺悔」

「万物は流転し文化は進展して止まぬ」

「苦難の中に明るい希望を持つ」

「道義は戦力なり」

「国家組織の再編で進め」

（昭和二十年八月二十八日、毎日新聞への談話より）

今、われらのなすべきことは何か、まず第一に敗戦の原因を直視することである。恥じらいつつ他人に裸身にされる前に自ら自己欺瞞の衣服を脱ぎ、身の皮をはいで敗戦の癌をつかみ出さねばならぬ。私が信じ、国民また等しく直視するところの敗戦の最大原因は、一に「国民道義の頽廃」にあった。政治、生産、国民生活の各方面にわたって道義の低調ぶりがいかに戦力を自殺せしめ挙国一致を阻害したか、その一々の例は敢えてここに示さなくとも国民すべて身近に無数に経験したところである。ましてその害毒が戦争遂行の中心たる軍隊にまで波及せんとして事態は決定的な様相を呈したのである。この故に、故阿南陸相は就任早々より道義の顕揚を旨とせられ、「道義は戦力なり」といわれたのは国民の記憶に新たなところである。

事新しくいう迄もなく、わが軍隊は建軍以来五箇条の御さとしをかしこみ、純潔一路、世の汚濁に染まず、ひたすら軍の精強化一本に徹し来ったのである。これが近来国民の政治的無力さと政治家の信念と節操なき媚びとに乗せられて政治面に逸脱し、やがて生産に、食糧問題にまで係わるの余儀なきに至ったのである。そしてこれがひいては国家総力戦の真の姿を歪曲し、戦力の総合発揮を弱めたのである。このことは個々の責というより、結局国民道義の低調さという根本的欠陥に帰せざるを得ない。更に敢て死児の齢を数えるならば、彼我戦力の正確なる計算を欠き、世界戦史の調べを超えようとした点も指摘できるが、それは当時の情勢と、かかる作戦を敢えてした当事者の苦哀を考えねばならぬことである。

いよいよ連合軍の進駐を見んとしてわれらはここに毅然たる大国民の態度を示さねばならぬ。短急をもって事を誤る短見者は、卑屈をもって国の栄誉を汚す者と同じく、われらの絶対に排撃するところである。適切な例ではないかも知れぬが、かの赤穂城明渡しの際の大石内蔵助の態度を考えて見る必要がある。彼は赤穂城の一切の整理をつけ、塵一つ止めずに清掃して明渡したのである。われわれもここにケチくさい根性は一切捨て、物的にも精神的にもさっぱりと大掃除をして進駐軍を迎えよう。殊にわが軍隊、戦わざる数百万の精鋭は大君の命のままに粛然として武器を手離し、故山に帰りつつある。それでいいのだ、正にそれでいいのである。天皇の軍隊は天皇の御命令によろこんで玉砕し、粛然として戎衣を脱ぐのである。そこに日本軍隊の真面目があり、精華がある。進駐軍は恐らく日本国内の混乱を予想しているであろうが、新日本の第一の踏み出しはわが軍隊の整然たる復員のあり方でなければならぬ。

日本の精神的清掃の一つとして、この際私の殊に強調したいことは官僚による思想取締りの撤廃である。元来思想は権力で抑えてはならぬものだ。思想に対するには思想をもってせよ。

外来思想に対抗し、これと戦い圧倒し得ない思想はない方がよい。神道は立派な国民的思想である。しかるに低級神道家は自己の無知無能の故に、他の宗教、思想に対抗出来ず官憲の力をかりてこれを圧伏せんとし、似愛国者共は権力の掩護のもとに自己の弱点を蔽い、他を恫喝し続けてきた。かかる輩は自ら国家を他の精神的属国化せしめつつあるもので、不忠極まりなきものである。思想、言論は自由たるべく、結社は活発たるべし、むしろその中にこそ真に日本的なるが故に国際的な思想、結社が強靭に鍛えられ発展してゆくのである。

それにしても日本は今後物心両面に亘る恐るべき疾風怒涛時代を迎えるのである。アメリカは自己の善と信ずる生活文化、様式、思想を滝の如く注いで日本をアメリカ化せんとすることは明らかである。それは教育に浸透し、生活を風靡《ふうび》するに至るであろう。それに英国的、ソ連式思想が加わってくる。日本的思想、醇風美俗、世界人心は滔々たる大勢に押し流され、寸断されもみくちゃにされる。

私は日本は思想的にどん底まで叩き落とされるものと確信する。満州事変、支那事変においても日本国民は目覚めず、大東亜戦争においても未だ精神的に立ち上がらず、その敗戦の惨烈さに遭ってはじめて覚醒するかと思えば未だしの感である。要するにまだ足りないのだ。落ちて落ちてどうにもならぬ時に至ってはじめて民族の魂が究極の拠り所を呼び求めるのである。一陣の清風、一個の炬火、それは真に魂が求める時にこそ与えられるべきものである。

怒涛よ逆巻け、暴風よ吹け、それはすべて日本人が経験しなければ目覚め得ぬ「民族の禊」である事を私は確信する。

かくの如く私は苦難の中に明るい希望を持つものであるが、日本人が真にこの希望を具現し得るためには二つの条件が必要である。その一つは日本人が心から懺悔をしてその後の清々しい謙虚さをもって再出発することである。我執、我欲、自尊、中傷、嫉妬、縄張り根性など、日本的悪徳を葬ることなくして日本の甦りはあり得ぬ。

その第二は神の摂理ともいうべき世界文化の過程を達観することである。万物は流転し、文化は進展して止まぬ。現在の文化を固定して眺め、進化の実相を把握し得ぬ民族は落伍民族である。しかしそれはあくまで今日の相であって明日の姿ではない。血液が分流して毛細管にまで至るが、それまた逆流して帰る如く、分業に基づく生活形態、国家組織は再び新しい形を求めて変化しつつある。農工両全、或いは農工一致の傾向はすでにその萌芽を示しつつあると見るべきであろう。

かくて今や都会の存在意義は喪失しつつある。都会の使命は今日まさに終わった。神はロンドン、ベルリン、東京の破壊において明らかにその事実を人類に教えたのである。この一例に見る如く文化の進展に順応するように生活を切変え、国家組織を両編成し、生産形態を整備してゆく国民こそ、文化進展の実相を把握する明日の国民といえるだろう。

著者

早瀬利之（はやせ としゆき）

1940年（昭和15年）長崎県生まれ。昭和38年鹿児島大学卒業。石原莞爾研究者。著書に、『石原莞爾 満州合衆国』、『石原莞爾 満州備忘ノート』、『石原莞爾 国家改造計画』、『参謀本部作戦部長石原莞爾』、『石原莞爾 北支の戦い』、『南京戦の真実』、『サムライたちの真珠湾』、『将軍の真実・松井石根将軍の生涯』、『満州残映』、『石原莞爾と2.26事件』（以上、光人社および潮書房光人社）、『奇襲』（南日本新聞開発センター）、『石原莞爾 マッカーサーが一番恐れた日本人』（双葉新書）、『靖国の杜の反省会』『石原莞爾 満州ふたたび』（以上、芙蓉書房出版）などがある。
日本ペンクラブ会員、満州研究会会員。関東戸山流居合剣道会会長。

※住所　249-0005神奈川県逗子市桜山5-31-7

敗戦、されど生きよ
——石原莞爾最後のメッセージ——

2020年8月13日　第1刷発行

著者
早瀬《はやせ》 利之《としゆき》

発行所
㈱芙蓉書房出版
（代表 平澤公裕）
〒113-0033東京都文京区本郷3-3-13
TEL 03-3813-4466　FAX 03-3813-4615
http://www.fuyoshobo.co.jp

印刷・製本／モリモト印刷

ISBN978-4-8295-0796-4

【芙蓉書房出版の本】

石原莞爾 満州ふたたび

早瀬利之著　本体 2,200円

“オレは満州国を自治権のない植民地にした覚えはないぞ” 五族協和の国家に再建するため、犬猿の仲といわれた東條英機参謀長の下で副長を務めた石原が昭和12年8月からの１年間、東條との激しい確執の中、孤軍奮闘する姿を描く。

石原莞爾の変節と満州事変の錯誤
最終戦争論と日蓮主義信仰

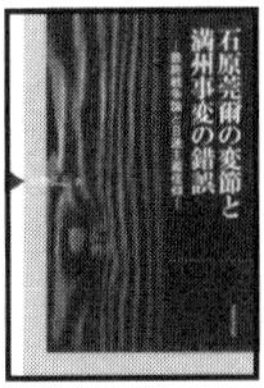

伊勢弘志著　本体 3,500円

石原莞爾の「カリスマ神話」や「英雄像」を否定する画期的な論考。日蓮主義信仰に支えられた独自の戦略で満州事変を実行したはずの石原には、満洲国建国の際から矛盾した言動、変節が見られるようになる。石原の言動の変遷と信仰の影響、そして石原の人物像の新たな側面に迫る。

石原莞爾と小澤開作 民族協和を求めて

田中秀雄著　本体 1,900円

石原莞爾を「脇役」にして昭和の時代を描く画期的な試み。満洲事変に深く関与し、満洲国協和会の運動で活躍した小澤開作の足跡をたどり、石原との接点を浮き彫りにする。

石原莞爾の時代 時代精神の体現者たち

田中秀雄著　本体 1,900円

石原莞爾を「脇役」にして昭和の時代を描く画期的な試み。内田良平、Ｅ・シュンペーター、佐藤鉄太郎、田中智学、市川房枝、マッカーサーと石原莞爾にどんな接点が？